LIMM & NIES

Andi Fett

SUCKDRACHEN

9 Vorlesegeschichten für junge Leute

5

clv

Christliche Literatur-Verbreitung e.V.
Ravensberger Bleiche 6 · 33649 Bielefeld

1. Auflage 2017

© 2017
by CLV · Christliche Literatur-Verbreitung
Ravensberger Bleiche 6 · 33649 Bielefeld
Internet: www.clv.de

Satz & Umschlag: A. Fett, Meinerzhagen
   Umschlagfoto: fotolia.com, © cirodelia
Druck & Bindung: CPI books GmbH, Leck

Artikel-Nr. 256189
ISBN 978-3-86699-189-7

INHALT

Der Drohbrief 5

    ... leider draußen bleiben 14

In allerletzter Minute 23

    Acapulco 33

Wunschlos glücklich? 42

    Der ausgefranste Teddybär 48

Die Rolltreppe 58

    Ihr habt nicht gewollt 65

Elefantenrüssel 73

LIMM
&NIES

ZUM VORLESEN
&NACHMACHEN

Einige der folgenden Kurzgeschichten findest du auch im Programm von *Radio Doppeldecker* – einer Kindersendung, die die frohe Botschaft von Jesus Christus zeitgemäß verbreiten möchte. Du findest weitere Sendungen als Podcast unter

WWW.DOPPELDECKER.INFO

Der Drohbrief

Eine Geschichte, die sich vor einigen Jahren so ereignet hat. Und zwar in einer Jungschar-Gruppe im Hunsrück. Wegen eines rätselhaften Drohbriefs bekommt eine Familie richtig Angst. Der Absender stammt aus Russland. Ob eine Verbrecherbande dahintersteckt?

Dirk und Andreas sind sehr gespannt, denn am Samstag ist wieder Jungschar. Die beiden sind die Jungscharleiter. Weißt du, was eine Jungschar ist? Da treffen sich Jungs und Mädchen zwischen 8 und 14 Jahren, um gemeinsam Sport, Spiele und Spannendes zu erleben. Es geht darum, in allem dem Herrn Jesus Christus nachzufolgen. Deshalb betet man auch gemeinsam in der Jungschar, dankt Gott und hört etwas aus der Bibel.

Nun, am Samstag um 16 Uhr soll also wieder Jungschar sein. Aber diesmal gibt es etwas ganz Besonderes. Nur: Die Kinder wissen noch nichts davon – am allerwenigsten Maximilian von Stein …

Die Jungschar-Stunde fängt ganz normal an. Mädchen und Jungs hängen ihre Jacken auf und toben durch den Jungscharraum. Die Mitarbeiter stellen noch rasch den Beamer auf. Dann werden ein paar fetzige Lieder gesungen. Andi spielt Gitarre und Dirk hilft mit dem Keyboard nach. Da! In einer Pause zwischen den Liedern geht es schon los:

»Ich hab vorige Woche einen ganz komischen Brief gekriegt«, prahlt Timo, »aus Bilovien. Ich weiß überhaupt nicht, wo das liegt!«

»Hää, Bilovien?«, fragt Carina. »Du meinst bestimmt Bolivien! Das liegt in Südamerika. Aber weißt du was: Ich hab auch einen Brief bekommen – aus Afrika – aus Tunesien per Luftpost. So etwas kam noch nie bei uns an. Ich war total aufgeregt, als ich den aufmachte. Aber ich kannte den gar nicht, der da schrieb. Mein Papa meinte, der Brief kam bestimmt an die falsche Adresse.«

»Waaas, ihr auch?«, ruft Marie-Luise erstaunt. »Ich hab Post aus Indonesien gekriegt, mit vier Briefmarken drauf: ganz coole Papageien. Die habe ich sofort für meine Briefmarken-Sammlung ausgeschnitten. Ich sammle nämlich nur Tiermotive.«

»Was stand denn in deinem Brief?«, fragt Jasmin – die Pfiffigste der Gruppe. Sie hat einen leisen Verdacht geschöpft. Doch bevor Marie-Luise antworten kann, berichtet Jasmin:

6

»Ich bekam nämlich auch einen Brief aus dem Ausland, auch letzte Woche und auch per Luftpost! Mein Brief kam allerdings aus Korea. Auf den Briefmarken waren nur asiatische Schriftzeichen.«

»Komisch!«, brummelt Tobias. *»Da ist doch etwas oberfaul. Wie kann es sein, dass wir alle in einer Woche aus aller Welt Briefe kriegen? Ich bekam auch Post – aus Neuseeland sogar. Das liegt auf der anderen Seite der Erdkugel. Der Brief muss drei Wochen unterwegs gewesen sein. Das habe ich am Datum vom Stempel ablesen können ...«*

Jetzt ist erst mal Schluss mit Singen. Die Kinder reden und reden die ganze Zeit nur aufgeregt von ihrer Post. Rahel hat einen Brief aus Mexiko gekriegt. Tom behauptet, er habe sogar eine Eilsendung aus Grönland erhalten. Micha wedelt mit einem Briefumschlag. Es ist das Kuvert eines Luftpostbriefes aus Japan. Eigentlich wollte er vor den anderen damit angeben. Aber jetzt begreift er, dass fast alle hier einen exotischen Brief aus dem Ausland bekommen haben.

Andreas, der Jungscharleiter, steht auf und betet noch zu Anfang der Stunde: *»Lieber Vater im Himmel! Danke für unsere Jungschargruppe und die schönen Lieder. Danke, dass so viele von uns Post bekommen haben. Bitte schenke uns heute einen schönen Nachmittag. Amen!«*

Noch ist das Amen nicht verklungen, da geht die Raterei weiter. Woher stammen diese merkwürdigen Auslands-Briefe? Eine mysteriöse Geschichte. Wie kann aus allen Teilen der Erde plötzlich Post in ihrem kleinen Dorf angekommen sein? Wer steckt dahinter? Hat vielleicht ein Bekannter von ihnen eine Weltreise gemacht?

Jasmin wiederholt ihre Frage von vorhin: »*Micha, was steht denn in deinem Brief aus Japan?*« Micha zieht die dünne, hellblaue, knisternde Seite aus dem Umschlag und liest laut vor:

HALLO MICHA! DU SOLLST HEUTE POST VON MIR BEKOM-MEN. KENNST DU MICH? ICH KENNE DICH GUT. WIR WER-DEN UNS TREFFEN. VIELLEICHT SCHON BALD. BIS DANN. DEIN XY.

»*Aber ich kenne keinen Japaner und auch keinen XY und die Handschrift hab ich auch noch nie im Leben gesehen.*«

»*Vielleicht war ja nur jemand Bekanntes von dir dort im Urlaub!*«, meint Dirk, der Jungscharleiter. »*Nö, da wüsste ich keinen …*«, schüttelt Micha den Kopf.

»*So ähnlich stand es auch in meinem Brief. Er war auch krakelig handgeschrieben und auch so kurz!*«, ruft Carina in das Geschnatter der aufgeregten Jungschar-Kinder. »*Hey! Nachbarn von euch waren doch in Tunesien im Urlaub. Ob die vielleicht den Brief geschickt haben …?*«

Jasmin bohrt weiter nach. »*Ääh, Micha, zeig mal deinen Brief aus Japan. Ich muss mal etwas nachschauen.*«

Micha reicht ihr das Kuvert und Jasmin prüft mit kritischen Blicken jede Einzelheit. *»Hmm, das ist echt eine japanische Briefmarke ... und auch der Luftpost-Aufkleber AIR-Mail ist original. Aber der Brief ist auf Deutsch geschrieben ... komisch ... Aaah, ich hab's!«*

Alle schauen erwartungsvoll auf die kleine Detektivin. Was hat Jasmin denn entdeckt? *»Seht doch mal genau hin. Hier oben in der Ecke ...«* – *»He? Was meinst du?«*, fragt Tobias. *»Das ist ein ganz normaler Stempel mit Datum.«*

»Ja eben!!«, jubelt Jasmin. *»Das ist ein ganz normaler deutscher Stempelabdruck! BRIEFZENTRUM – sieht doch jeder! Der Brief wurde also gar nicht in Japan abgeschickt und gestempelt. Sonst stünde da PINGPANG-PONG oder so ...«*

Verblüfft reißt einer nach dem anderen den Briefumschlag an sich und starrt auf den blassen Stempelabdruck. Tatsächlich! BRIEFZENTRUM. Das sieht nicht sehr japanisch aus. Dass sie nicht selbst drauf kamen ...

Jetzt stellt sich Andreas, der Jungscharleiter, vor die Gruppe und sagt: *»Pssst. Hört mal alle her. Also, ich muss schon sagen: Glückwunsch, Jasmin! Dir kann man nicht so schnell etwas vormachen. Du hast die ausländische Post als eine Fälschung entlarvt. Gut gemacht! Wenn ich mich nicht irre, hat jeder von euch einen ganz persönlichen Brief von weit, weit her bekommen, oder?«* Alle nicken.

Nur Maximilian schüttelt den Kopf. »*Nö, ich bekam keine Post!*«– »*Doch, Maxi, du müsstest einen Brief aus Russland bekommen haben. Ich hab ihn nämlich selber vorgestern eingeworfen!*«, verrät Dirk, der andere Jungscharleiter.

Dirk ist von Beruf Briefträger. Er hat sich zusammen mit Andreas die ganze Aktion ausgedacht. Sie haben für jedes Kind einen kurzen, geheimnisvollen Brief geschrieben, ihre Schrift etwas verstellt und dann als Auslands-Brief getarnt.

Die Briefmarken stammen aus Andreas' Sammel-Album, die Luftpost-Aufkleber und der Poststempel von Dirks Postamt. Anschließend hat Dirk die Briefe völlig unauffällig in die Briefkästen seiner Jungscharkinder gesteckt – als Briefträger erregte er ja keinen Verdacht. Nun erklärt Andreas die ganze Sache:

»*Wir alle bekommen doch gerne Post, oder? Am liebsten einen ganz dicken Brief von einem guten Freund. Dirk und ich haben euch eine Freude machen wollen. Und wisst ihr was? Die Bibel ist wie ein ganz, ganz dicker Brief von Gott. Er hat uns diesen Brief zugestellt, damit wir ihn lesen und Gott dabei kennenlernen. Micha, kannst du noch mal deinen Brief vorlesen?*«

Umständlich zieht Micha den Brief aus der Hosentasche, faltet den knittrigen Bogen auseinander und liest laut vor:

»DU SOLLST HEUTE POST VON MIR BEKOMMEN. KENNST DU MICH? ICH KENNE DICH GUT. WIR WERDEN UNS TREF-FEN. VIELLEICHT SCHON BALD. BIS DANN. DEIN XY.«

Andreas erklärt weiter: *»Wenn wir in der Bibel lesen, kön-nen wir Gott sagen hören: ›DU SOLLST HEUTE POST VON MIR BEKOMMEN. KENNST DU MICH? ICH KENNE DICH GUT. WIR WER-DEN UNS TREFFEN …‹« – »Hä? Wann will Gott uns denn treffen?«*, fragt Micha erstaunt.

»Ja, wir alle werden einmal Gott begegnen. Jeder von euch wird am Ende seines Lebens vor ihm stehen. Ist das nicht erstaunlich? Für viele ist Gott dann ein Unbekannter – weil sie versäumt haben, seinen langen Brief zu lesen. Sei-ne Mitteilungen sind vielen egal.

Deshalb: Lies die Bibel. Gott kennt dich gut. Er kannte dich schon, bevor deine Eltern dich kannten, und er kennt dich besser, als du dich selber kennst. Deshalb hat er in der Bibel aufgeschrieben, was wichtig für dich ist. Hast du in der letzten Woche in dem dicken Brief Gottes an dich gelesen?«, fragt Andreas.

Carina meldet sich und sagt: *»Wir lesen daheim jeden Tag gemeinsam in der Bibel!« – »Prima. Das freut mich. Erinnerst du dich denn noch an das, was ihr heute gele-sen habt?«*, fragt der Jungscharleiter.

»Ähm – nöö«, meint Carina etwas verlegen. *»Schade. Dann nützt uns die Bibel wenig. Ganz hinten in Gottes*

Brief steht nämlich: **Glückselig, der da liest und die da hören die Worte der Weissagung und bewahren, was in ihr geschrieben ist; denn die Zeit ist nahe** *(Offenbarung 1, Vers 3). Wir sollen Gottes Wort nicht nur lesen und hören, sondern auch bewahren, das heißt behalten und behüten wie einen Liebesbrief.«*

———— ◆ ————

Am Abend nach der Jungscharstunde klingelt bei Andreas das Telefon. Es ist Frau von Stein, Maximilians Mutter. Mit aufgeregter Stimme poltert sie los: *»Hallo Andreas! Stimmt es, dass ihr von der Jungschar anonyme Briefe verschickt habt?«* – *»Ja, das stimmt!«*

»Das darf doch nicht wahr sein! Das war aber ein ganz schlechter Scherz! Als wir diesen Brief aus Russland bekamen, haben wir ihn Maxi gar nicht erst gezeigt, sondern sofort selber geöffnet. Dann lasen wir:

DU SOLLST HEUTE POST VON MIR BEKOMMEN.
KENNST DU MICH? ICH KENNE DICH GUT.
WIR WERDEN UNS TREFFEN ...

Da dachten wir sofort an einen Drohbrief von der Russen-Mafia. Du weißt doch, wie einsam wir hier wohnen und dass bei uns schon mal eingebrochen wurde. Wir haben schreckliche Ängste ausgestanden. Mein Mann hat dann die Kriminalpolizei eingeschaltet. Die wollten den Brief untersuchen, weil wir völlig im Dunkeln tappten.

Wir gingen alle von einem Erpressungsversuch aus – bis heute Maxi aus der Jungschar kam ...«

Andreas bleibt die Spucke weg. *»Oh, entschuldigen Sie, Frau von Stein. Daran haben wir nicht im Entferntesten gedacht. Es tut mir so leid. Können Sie das bitte rasch bei der Kripo klären? Hat das jetzt für uns noch ein Nachspiel? Bitte vergeben Sie uns. Der Brief sollte doch nur eine Überraschung für Maximilian sein ...«*

———— ◆ ————

Ja, so kann's gehen. Manche Menschen, die in der Bibel blättern, vermuten vielleicht auch auf den ersten Blick eine Droh-Botschaft statt einer Froh-Botschaft. Sie bekommen es mit der Angst zu tun und klappen das Buch schnell wieder zu. Hoffentlich geht es dir nicht so. Denn: **Glückselig, der da liest und die da hören die Worte der Weissagung und bewahren, was in ihr geschrieben ist.**

Lies aufmerksam die Bibel. Dort wirst du Gottes Liebe kennenlernen. Wenn du Schwierigkeiten damit hast, allein die Bibel zu lesen und zu verstehen, dann rufe nicht die Kriminalpolizei, sondern lies mit jemandem zusammen, der Jesus kennt. ✂

... leider draußen bleiben

Hast du schon mal vor einer Tür gestanden, in die du nicht hineindurftest? Vielleicht stand da ein Schild mit der Aufschrift »Zutritt verboten« oder »Heute geschlossen!«. Tja, das ist eine große Enttäuschung, wenn man hineinmöchte, aber nicht hineindarf. Von so einer verschlossenen Tür handelt auch die folgende Geschichte.

Mitten in den schönsten Träumen wird Thea gestört. Was klappert denn da so? Thea schlägt verwundert die Augen auf. Welches Geräusch hat sie da eben geweckt? Ach so, da unten deckt jemand den Frühstückstisch. Natürlich! Es ist ja Samstag – Wochenende! Endlich mal nicht so früh aufstehen müssen. Endlich mal mit den Eltern gemütlich im Schlafanzug frühstücken. Herrlich!

Thea rekelt sich in ihrem Bett. Was sie heute wohl unternehmen wird? Von unten hört sie die Kaffeemaschine röcheln. Sie riecht den Duft von aufgebackenen Brötchen und heißem Kakao. Mmh – wie ihr das Wasser im Mund zusammenläuft ... Ob Mama an Frühstückseier gedacht hat? Thea liebt gekochte Eier.

Schnell springt sie aus ihrem Bett und möchte nachschauen, ob der Eierkocher angeschaltet ist. Barfuß hüpft sie bis an den Treppenabsatz und will die erste Stufe nach unten nehmen. Und da passiert es: Ihr Fuß bleibt im langen Nachthemd hängen und Thea stolpert. Noch bevor sie sich am Geländer festhalten kann, stürzt sie kopfüber die Treppe hinunter.

Ein schreckliches Rumpeln alarmiert ihren Vater im Badezimmer. Er schaut erschrocken aus der Dusche. Im Bademantel kommt er in den Flur und sieht seine kleine Tochter wimmernd am Ende der Treppe auf dem Boden liegen. Auch Theas Mutter ist längst aus der Küche gehastet und beugt sich über das verunglückte Mädchen.

»Thea! Hast du dir wehgetan?« Als Thea sich aufrappelt, sieht man sofort, was ihr fehlt: Ihr rechter Arm ist merkwürdig verdreht. Ob der Arm wohl gebrochen ist? Thea hat furchtbare Schmerzen und weint. *»Hm, mein Schatz. Damit sollten wir besser mal zu Doktor Steinhorst gehen«*, meint Papa. Thea beißt tapfer die Zähne zusammen.

Schade. Heute wird nichts aus dem gemütlichen Frühstück. Aber das ist jetzt nicht so wichtig. Theas Papa zieht sich rasch an und ihre Mama wickelt die Verletzte behutsam in eine Wolldecke. Dann laufen sie zu dritt zu Doktor Steinhorst. Der wohnt nämlich direkt um die Ecke. Ob ihr Hausarzt am Samstag Sprechstunde hat?

Doktor Steinhorst hat seine Arztpraxis mitten in Winkelstädt. Ja, in der Praxis brennt Licht. Vorsichtig trägt Theas Papa die Patientin zur Eingangstür. Vor dem Wartezimmer hängt ein kleines Schild. Thea buchstabiert: *»Wir müssen leider draußen bleiben.«* Darunter ist ein Hund abgebildet.

Wir müssen leider draußen bleiben

Während Papa Thea durch die Tür bugsiert, fragt sie erschrocken: »*Wer muss hier draußen bleiben?*« – Papa erklärt ihr das Hinweisschild. »*Das gilt nur für Tiere. Die dürfen nicht in eine Arztpraxis. Das wäre zu gefährlich für die Kranken.*« – »*Ach so*«, flüstert Thea etwas erleichtert, »*ich dachte, ich müsste da ganz alleine rein.*«

Thea muss zwar nicht allein in das Behandlungszimmer, aber der Hausarzt kann ihr nicht weiterhelfen. Dr. Steinhorst zuckt nur mit den Schultern und sagt: »*Tut mir leid. Das ist ein komplizierter Bruch. Ein Krankenwagen wird euch nach Stolzach ins Krankenhaus bringen. Ich kann den Arm nur schienen, damit sich der gebrochene Knochen nicht weiter verschiebt. Thea muss in jedem Fall geröntgt werden.*«

Dem Mädchen rollen Tränen über die Wangen. Hmm. Auch Theas Eltern sind beunruhigt. Ob der Arm so schlimm gebrochen ist, dass Thea vielleicht operiert werden muss …?

Wenig später sitzen die drei in einem Krankenwagen. Die Fahrt nach Stolzach dauert nur 15 Minuten. Aber jede kleine Unebenheit der Straße tut Thea sehr weh. Wenn ihr Arm gerüttelt wird, schreit sie laut auf: »*Aua, mein Arm, aaah!*«

Die Notfall-Ambulanz hat das Tor weit geöffnet und der Krankenwagen fährt bis vor die Aufnahme. Besorgt laufen die Eltern neben der Ambulanz-Liege her. Das ist ein schmales Bett auf einem Rollgestell. Ein Sanitäter schiebt Thea zur Röntgen-Abteilung. Dort wird ihr Arm von innen fotografiert. Dann muss Thea zurück auf den Flur und dann – warten!

Theas Eltern stehen die ganze Zeit bei ihr und streicheln tröstend über ihren Kopf. Keine Sekunde soll sich die 7-Jährige alleingelassen fühlen. Ihr gebrochenes Ärmchen liegt noch immer etwas schief neben ihr. *»Bleibt ihr bei mir?«*, fragt sie ängstlich. – *»O ja, liebe Thea, wir lassen dich nicht allein!«*

Jetzt bekommt Thea ein weißes Krankenhaus-Hemdchen angezogen. Ihr Arm soll gleich operiert werden, sagt ein Arzt. Theas Eltern gehen mit zum OP. Doch bevor der Narkosearzt die grüne Glastür öffnet, dreht er sich um und sagt: *»Deine Eltern müssen leider draußen bleiben. Sie dürfen hier nicht rein!«*

»Wie bitte?«, beschwert sich Theas Mama. – *»Warum das denn nicht?«* – *»Sie haben doch noch ihre schmutzigen Sachen an. Sie sind nicht sauber genug. Hier darf man nur mit Krankenhaus-Kleidern rein …«* – *»Aber mein Papa hat eben noch geduscht!«*, entgegnet Thea. *»Unsere Sachen sind wirklich ganz sauber!«*, beteuert auch Theas Mama. Aber es hilft nichts. Die Eltern müssen draußen bleiben. Sie werden nicht durch diese Tür gelassen …

Ist das nicht schrecklich? Theas Eltern wollten doch nichts Böses. Sie wollten nur bei ihrem Kind bleiben. Trotzdem durften sie nicht hinein zu ihrer Tochter. Theas Papa war sogar frisch geduscht und ihre Mama trug ganz frische Sachen. Aber trotzdem – es reichte nicht aus. Im Krankenhaus braucht man nämlich spezielle Kleider, um in den OP-Bereich zu kommen. Alles muss sehr, sehr sauber sein. Nur Thea, die das weiße Krankenhaus-Hemdchen bekam, war rein genug, um durch die Tür zu dürfen.

Es gibt eine andere wichtige Tür, vor der werden auch einige Leute eine schlimme Überraschung erleben. Das ist die Tür zum Himmel. Auch dort werden einmal viele Leute abgewiesen werden.

Mit dem Himmel ist es nämlich so ähnlich wie in der Geschichte von Thea. Der Himmel ist zwar kein Operationssaal, sondern ein Festsaal, in den jeder gerne hineinmöchte. Aber nicht jeder kommt hinein! Viele Menschen meinen: *»Ich komme bestimmt in den Himmel! Ich bin gut genug, um hineinzukommen! Meine Kleider sind sauber, ich habe mich immer gewaschen, ich habe nie was Schlimmes gemacht, das muss doch reichen, oder?«* Aber reicht das?

Jesus erzählte dazu eine Geschichte, die uns etwas sehr Wichtiges mitteilt. Sie steht in Matthäus 22, Verse 2-13:

Das Gleichnis vom Hochzeitsfest

Das Reich der Himmel ist einem König gleich geworden, der seinem Sohn die Hochzeit ausrichtete.

Und er sandte seine Knechte aus, die Geladenen zur Hochzeit zu rufen; und sie wollten nicht kommen.

Wiederum sandte er andere Knechte aus und sprach: Sagt den Geladenen: Siehe, ... alles ist bereit; kommt zur Hochzeit. Sie aber kümmerten sich nicht darum und gingen hin, der eine auf seinen Acker, der andere an seinen Handel. Die Übrigen aber ergriffen seine Knechte, misshandelten und töteten sie.

Der König aber wurde zornig und sandte seine Heere aus, brachte jene Mörder um und setzte ihre Stadt in Brand. Dann sagt er zu seinen Knechten:

Die Hochzeit ist zwar bereit, aber die Geladenen waren nicht würdig; so geht nun hin auf die Kreuzwege der Landstraßen, und so viele irgend ihr findet, ladet zur Hochzeit. Und jene Knechte gingen hinaus auf die Landstraßen und brachten alle zusammen, die sie fanden, sowohl Böse als Gute. Und der Hochzeitssaal füllte sich mit Gästen.

Als aber der König hereinkam, um sich die Gäste anzusehen, sah er dort einen Menschen, der nicht mit einem Hochzeitskleid bekleidet war. Und er spricht zu ihm: Freund, wie bist du hier hereingekommen, da du kein Hochzeitskleid anhast? Er aber verstummte. Da sprach der König zu den Dienern: Bindet ihm Füße und Hände und werft ihn hinaus in die äußerste Finsternis: Dort wird das Weinen und das Zähneknirschen sein.

---◆---

Eine erschütternde Geschichte, nicht wahr? Warum war der König so hart? Der König wollte doch, dass alle bei der Hochzeit seines Sohnes mitfeiern. Wieso hat er dann den einen Gast rausschmeißen lassen?

Nun, damals war es Sitte, dass armen Gästen vor einer Hochzeit festliche Kleider geliehen wurden. Der Gastgeber sorgte nicht nur für Essen und Trinken, sondern auch für die passende Kleidung. Das ist doch großzügig, oder?

Da gab es aber einen, der wollte lieber seine eigenen alten Klamotten anbehalten. Er meinte: »*Ich kann auch so mitfeiern. Meine eigenen Kleider sind doch gut genug.*«

Und genau das meint Jesus mit dem Gleichnis: Viele Menschen denken, sie seien gut genug für den Himmel – sie bräuchten nicht die Kleider des Königs. Aber das ist ein schlimmer Irrtum.

»Hoch erfreue ich mich in dem HERRN; meine Seele soll frohlocken in meinem Gott! Denn er hat mich bekleidet mit Kleidern des Heils, den Mantel der Gerechtigkeit mir umgetan«, jubelt Jesaja in Kapitel 61, Vers 10.

Deshalb lege auch du deine Fetzen und Lumpen, deine Selbstgerechtigkeit ab. Nimm stattdessen die Kleidung an, die Gott für dich bereithält. Er hält etwas viel Besseres für dich bereit – seinen »Mantel der Gerechtigkeit«. Möchtest du nicht eingehüllt werden in das, was Jesus für dich tat?

So war es doch auch bei dem »verlorenen Sohn«, den der Vater in neue, prächtige Gewänder kleidet, weil er zu seinem Vater heimgekehrt ist. (Vergleiche Lukas 15.)

Wie den abgewiesenen Eltern von Thea und dem Gast ohne passende Kleider wird es vielen ergehen. Sie werden nicht in den Himmel kommen, wenn sie nicht Gottes Kleider anziehen. In Galater 3,26-27 heißt es:

»... denn ihr alle seid Söhne Gottes durch den Glauben an Christus Jesus. Denn ... ihr habt Christus angezogen.«

Hast du schon Jesus Christus »angezogen«? Das bedeutet: Hast du schon Jesus Christus gebeten, dass er dir reine, weiße Kleider schenkt? Dass er dir alles Schmutzige aus deinem Leben vergibt?

Dieser Mantel der Gerechtigkeit Christi ist ein Geschenk. Wir können uns die Rettung von der Schuld der Sünde nicht verdienen. Jesus hat sie für uns verdient, als er am Kreuz von Golgatha starb. Jeder Mensch, der dieses Kleid der Gerechtigkeit Christi anzieht, ist passend für das große Hochzeitsfest im Himmel!

———— ◆ ————

Nach über einer Stunde öffnet sich endlich die Tür zum Operationsbereich. Theas Eltern springen von den Wartestühlen auf und eilen zu ihrer Tochter. Thea liegt noch etwas schläfrig mit einem dicken Verband auf der Liege.

Aber sie sieht zufrieden aus. »*Alles verlief großartig. Ihr Armknochen ist jetzt wieder schön gerade und fest eingegipst*«, sagt die Krankenschwester.

Über Theas Gesicht huscht ein Strahlen: »*Papa, du hättest dabei sein müssen. Da drin war alles sehr spannend. Du hättest doch einfach einen Doktor-Kittel anziehen können. Dann hätten die dich bestimmt reingelassen!*«

»*Stimmt!*«, sagt die Krankenschwester, die Thea gerade in ein Krankenzimmer schiebt. »*Mit Mundschutz und langem Kittel hätten Sie Ihre Tochter begleiten dürfen.*« – »*Und warum hat uns das keiner gesagt?*«, fragt Theas Mutter erstaunt und etwas ärgerlich.

»*War doch gar nicht so schlimm!*«, meint die tapfere Thea. Dann hebt sie mit ihrem gesunden Arm den verbundenen in die Höhe und sagt: »*Aber fürs nächste Mal wisst ihr ja Bescheid, wie ihr reinkommt, oder?*« Da lachen Theas Eltern erleichtert auf: »*Bloß das nicht, Schatz. Aber wir haben verstanden: OP-Begleitung nur mit OP-Bekleidung.*« ✣

In allerletzter Minute

Kennt ihr die Geschichte von Erwin Enns? Er wohnt in der Gerbergasse, einem engen Gässchen von Winkelstädt. Solange die Leute denken können, wohnt er dort ganz allein in einem kleinen Fachwerkhäuschen.

Erwin ist ein Sonderling. Niemand weiß genau, was er den ganzen lieben langen Tag so macht. Er hat im ersten Stock ein Büro, sagt der Briefträger. Manchmal geht Erwin eine Woche nicht aus dem Haus. Keiner weiß, warum er so zurückgezogen lebt.

Und keiner weiß, wie alt er ist – vielleicht 40? Erwin hat keine Familie. Manchmal sieht man ihn abends allein an dem kleinen Esstisch sitzen und eine Suppe schlürfen. Das Küchenfenster müsste auch mal wieder geputzt werden. Ob er seine Wohnung auch nie putzt? Ob er selber kocht? Ob er etwas anderes als Suppe kochen kann? Niemand weiß es.

Die Nachbarn sagen, er sei ein verschrobener Einzelgänger. Aber er hat noch keinem was zuleide getan. Im Gegenteil – Erwin Enns hat schon oft ausgeholfen, wenn irgendwo Not am Mann war. Tante Margret von gegenüber meint, der Erwin hätte eine Macke, sonst wäre er bestimmt schon längst verheiratet … Bestimmt hat Tante Margret recht. *»Geh nicht zu dem Onkel Enns ins Haus, hörst du?!«*, sagt sie zu Moritz, ihrem kleinen Enkel.

Tante Margret und Moritz Kühn wohnen ebenfalls in einem Fachwerkhaus, direkt gegenüber von Erwin Enns. Unter ihnen, im Erdgeschoss, ist ein Friseurladen. Der macht gerade zu. Es ist nämlich 18 Uhr. Margret kann vom ersten Stock aus genau in Erwins Küchenfenster sehen.

Moritz ist erst fünf Jahre alt. Seine Eltern kamen bei einem Autounfall ums Leben. Aber Moritz kann sich weder an Papa noch an Mama erinnern. Er war damals noch zu klein. Seitdem lebt er bei seiner Oma Margret. Manchmal nennt er sie »Mamagret«. Dann nimmt seine Oma ihn auf den Arm und drückt ihn ganz fest. Sie ist wirklich wie eine Mama für ihn.

Es ist Abendessenzeit. Die Gasse ist menschenleer. Wenn der Friseur geschlossen hat, läuft hier kaum einer durch, denn die Gerbergasse ist eine Sackgasse. Moritz schaut herunter auf die Straße. Bei Erwin brennt schon Licht. Onkel Enns sitzt mit einer Zeitung am Küchentisch. Wenn Moritz sein Brot aufgegessen hat, muss er noch baden, Haare waschen und dann ins Bett. Tante Margret macht schon mal den Heizstrahler an, damit das kleine Badezimmer gleich schön warm ist.

Erwin Enns rührt währenddessen in seiner Bouillon und schaut von der Zeitung auf. Gegenüber hampelt ein Junge am Fenster. Es ist Moritz. Er hat ein Butterbrot in der Hand und wackelt am Vorhang. Als Moritz den Mund leer hat, streckt er dem Nachbarn frech die Zunge heraus. Dann sieht Erwin, wie Tante Margret den Jungen zurück an den Tisch holt. Erwin liest weiter in der Zeitung. Etwas später schaut er noch einmal hinauf in die gegenüberliegende Wohnung. Da erschrickt Erwin ...

Dichter Rauch quillt aus dem Fenster und unter der Dachrinne hervor. Sofort stürzt Erwin aus dem Haus und brüllt auf der Straße: »*Feuer! Feuer! Ruft sofort die Feuerwehr ...*« Dann versucht er die Eingangstür zum brennenden Haus aufzubekommen. Nichts! Der Friseur hat nach Feierabend natürlich abgeschlossen.

Erwin läuft zurück und schaut nach oben. Erst jetzt hat Tante Margret das Fenster aufgerissen und schreit um Hilfe: »*Der Heizstrahler im Bad brennt, das ganze Bad steht in Flammen!*« Schwarzgrauer Qualm wabert in den Abendhimmel. Moritz hustet und weint nur leise.

Inzwischen sind einige Nachbarn auf der Straße. In Schüsseln und Eimern bringen sie Wasser herbei. Herr Schulte, ein Rentner von nebenan, hat seinen Gartenschlauch angeschlossen und versucht zu löschen. Aber der dünne Wasserstrahl erreicht nur das Schaufenster des Friseurladens. Es nützt nichts. Das Feuer ist schon viel zu stark.

Die Leute rufen hinauf: »*Kommt sofort runter!*« Aber: zu spät! Das ganze Treppenhaus steht in hellen Flammen. Der Fluchtweg für Margret und Moritz ist abgeschnitten. Für einen rettenden Sprung liegt das Fenster viel zu weit oben. Wenn doch endlich die Feuerwehr käme ...

Erwin Enns kann nicht länger abwarten. Gleich wird sich der Brand auf die ganze Etage ausdehnen. Als das Dachgebälk in prasselndem Feuer steht, fasst er den Entschluss. Er ruft: »*Moritz, ich komme!*« Wie ein Wiesel klettert Erwin an einem Rosenstock die Hauswand hinauf zum oberen Stockwerk. Dann umklammert er das Abflussrohr der Dachrinne und zieht sich hoch und höher, bis er das Dach erreicht.

Unten stehen fassungslose Zuschauer. Wenn das mal gut geht! Die Dachrinne biegt sich bedrohlich unter der Last. Erste Fensterscheiben bersten wegen der großen Hitze. Zuckende Flammenzungen schlagen aus einem gekippten Fenster über Erwins Kopf. Todesmutig hangelt er sich trotzdem an der Dachrinne entlang bis zum Fenster, bei dem Moritz und Margret in Todesangst warten.

»*Halt dich an meinem Hals fest, Moritz!*«, brüllt Erwin. Tatsächlich, der verängstigte kleine Knirps wagt sich über die Fensterbank hinaus. Wie ein Tierbaby klammert er sich an Erwins Körper. Sofort hangelt der mutige Nachbar mit der wertvollen Fracht an der Dachrinne zurück.

Moritz wird ganz blass vor Angst. Ob Erwin die Kletterei durchhält? Ob die Dachrinne abreißen kann? Nach endlos erscheinenden drei Metern erreicht er das senkrechte Blechrohr nach unten. Er gleitet vorsichtig hinab und landet unsanft in den dornigen Rosen. Da biegt endlich der Stolzacher Löschzug um die Ecke. Blaulicht taucht die verrauchte Gasse in ein zuckendes Lichterge-witter. Moritz ist gerettet. Sofort hüllt Frau Hamsch, eine Nachbarin, Moritz in eine Wolldecke. Nur um Erwin Enns kümmert sich niemand. Ihn hat man in der Dun-kelheit übersehen. Er liegt völlig erschöpft unter dem Rosenbusch.

Die Profis von der Feuerwehr schlagen zuerst die Haus-tür ein, aber statt der Treppe nach oben treffen sie nur auf ein loderndes Flammenmeer. *»Schnell, die Drehlei-ter! Da oben ist noch eine Frau!«* Aber sie ist schon nicht mehr zu sehen. Für Tante Margret kommt jede Hilfe zu spät. Sie ist in dem heißen, giftigen Rauch ums Leben ge-kommen. Nun hat Moritz niemanden mehr …

Am nächsten Morgen steht von dem hübschen Fach-werkhaus nur noch der ausgebrannte Friseurladen. Dar-über ragen ein paar dampfende schwarze Balken in den Himmel. Moritz wurde ins Stolzacher Krankenhaus ge-bracht – wegen des Schocks. Aber ihm fehlt sonst nichts. Onkel Enns hatte ihm in letzter Minute das Leben ge-rettet.

Am nächsten Morgen ist schon ein Foto des abgebrann-ten Hauses in der Zeitung. Viele Schaulustige kommen in die Gerbergasse. Aber nach Erwin Enns fragt keiner. Herr Lindenheimer, der Bürgermeister von Winkelstädt, hat für den heutigen Abend eine dringende Bürgersit-zung im Rathaus einberufen. Es geht um Moritz Kühn, das Waisenkind. Was soll aus dem kleinen Burschen werden, wenn er aus dem Krankenhaus entlassen wird? Was wird das Jugendamt sagen? Muss er ins Kinderheim?

Einige Nachbarn aus der Gerbergasse, 5 Leute vom Gemeinderat und ein Mann von der Zeitung sind schon gekommen. Da geht noch einmal die Tür des Sitzungssaales auf und der Pilot Pitt Diesel und seine Schwester Liesel betreten den Saal. Auch ihr Freund Etienne schlüpft noch durch den Türspalt.

Dann eröffnet Dr. Lindenheimer die Bürgersitzung. »*Wie Sie alle wissen, hat eine Brandkatastrophe den kleinen Moritz Kühn als einzigen Überlebenden zurückgelassen. Es gibt keine Angehörigen. Als Bürgermeister und sehr betroffener Mitmensch schlage ich vor, dass eine geeignete Familie aus Winkelstädt den Kleinen aufnimmt. Wer ist dafür?*«

Fast alle Hände gehen hoch. Nur der Mann von der Zeitung bückt sich über den Tisch und kritzelt in seinen Notizblock. Er hat das Melden vergessen. »*Na gut. Also einstimmig angenommen, bei einer Enthaltung.*«

Nun werfen sich alle Anwesenden ratlose Blicke zu. Wer wäre eine »geeignete Familie«? Vielleicht Dr. Lindenheimer selbst? Hm – eigentlich ist das Ehepaar Lindenheimer schon viel zu alt für ein 5-jähriges Pflegekind …

Und die Nachbarn Hamsch, die Moritz manchmal zum Spielen bei sich hatten? Da würde sich der Junge doch bestimmt schnell wohlfühlen. Aber Hamschs haben schon vier eigene Kinder und eigentlich gar keinen Platz, sagen sie …

Und Liesel Diesel? Etienne und Pitt machen ihr sofort Mut: »*Das wäre doch wunderbar, Liesel. Du hast doch ein großes Herz und noch die Spielsachen von deiner Tochter Hanna.*«

Mitten in die Beratungen und Überlegungen poltert plötzlich eine unbekannte Stimme: »*Er gehört mir!*« – Alle Leute im Rathaus drehen sich verwundert um. Da hinten, ganz nah am Ausgang sitzt Erwin Enns. Er hat die ganze Zeit geschwiegen. Der Bürgermeister runzelt die Stirn und streicht sich verlegen übers Kinn.

»*Was soll das heißen: ›Er gehört mir‹?*«, fragt Herr Lindenheimer, ohne die Antwort abzuwarten. »*Herr Enns, meines Wissens sind sie alleinstehend, äh, wir sagten doch schon, dass wir eine geeignete Familie suchen. Halten Sie sich für so geeignet? Was wollen Sie mit einem 5-jährigen Jungen?*«

Unter den Nachbarn beginnt ein unverständliches Tuscheln. »*Dieser komische Kauz – kann nicht mal für sich selber sorgen. Der soll sich mal lieber eine Frau suchen. Phh, ein unschuldiges Kind bei einem Taugenichts zur Pflege geben. Das wäre ja noch schöner. Was bildet der sich eigentlich ein? Und wie ungepflegt der wieder aussieht. So geht man doch nicht ins Rathaus!*«

Pitt Diesel erhebt sich vorsichtig: »*Werte Nachbarn, lieber Bürgermeister. Entschuldigen Sie bitte. Lassen Sie Herrn Enns doch erst mal ausreden. Wie meinten Sie das gerade – ›Er gehört mir‹?*«

Doch der Bürgermeister unterbricht Pitt: »*Das ist doch lächerlich, Herr Diesel. Wir hören hier nur auf ernsthafte Vorschläge. Lassen Sie uns keine Zeit verlieren. Frau Liesel Diesel, könnten Sie sich vielleicht vorstellen, schon diese Woche …*«

Da springt Erwin Enns von seinem Stuhl auf und geht etwas schwerfällig in die Mitte des Saals. Der Bürgermeister wird zornig: »*Setzen Sie sich, Herr Enns! Sie stören unsere Beratungen.*« Doch Erwin lässt sich nicht verunsichern. Er wiederholt ganz ruhig: »*Er gehört m i r !*« Was bleibt Herrn Lindenheimer übrig? Etwas unwillig sagt er: »*Meinetwegen! – So, so. Er gehört also Ihnen. Und wieso, bitte schön?*«

Alle Anwesenden starren auf Erwin Enns. Der steht wie ein Angeklagter da vorn und beginnt etwas zittrig seine beiden Manschettenknöpfe aufzumachen und die Hemdsärmel hochzukrempeln. Herr Lindenheimer befürchtet, dass der verrückte Enns eine Prügelei anfangen will. »*Machen Sie keinen Blödsinn, sonst lasse ich Sie rauswerfen!*« Doch dann dreht sich Erwin mit bloßen Armen zu den Nachbarn und sagt: »*Moritz gehört mir!*

D e s w e g e n !«

Entsetzt bemerken die Leute im Saal erst jetzt, was Erwin meint. Er streckt seine beiden Hände und Arme weit aus. Sie sind furchtbar verbrannt. Alles ist voll schlimmer Brandblasen und narbige Hautfetzen hängen herab. *»Das hab ich wegen Moritz, aber er ist es mir wert.«*

Jetzt begreifen die Nachbarn, was geschehen war. Die Dachrinne wurde im Feuer heiß wie ein Bügeleisen. Aber Erwin hatte sich doch an ihr entlanggehangelt und bis zuletzt durchgehalten. Bis Moritz gerettet war. Betroffen schauen alle auf die schlimmen Hände. Und sie hatten fast vergessen, dass er sein Leben aufs Spiel gesetzt hatte. Nicht nur Etienne kommen die Tränen, als er begreift, was Erwin auf sich nahm, um Moritz zu retten.

———— ◆ ————

Ob Erwin Enns den kleinen Moritz tatsächlich bekommen würde? Ob Moritz überhaupt zu Erwin möchte? Ob der kleine Waisenjunge begreifen kann, was seinetwegen geschehen ist? Was meinst du?

———— ◆ ————

Pitt Diesel steht am nächsten Tag mit Etienne vor der Werkbank. Etienne putzt gerade ein paar Zündkerzen mit einem öligen Lappen und Pitt sucht nach großen Nägeln. *»Ob Moritz noch im Krankenhaus ist? Isch find, der Erwin wirklich sollte die Moritz 'aben, wegen seiner großen Liebe und wegen die Wunden in seine Hände.«*

Da findet Pitt einen riesigen, rostigen Nagel, hebt ihn hoch, stellt ihn mit der Spitze auf seine Handfläche und sagt: *»Etienne, weißt du was? Ich finde, der Herr Jesus soll wirklich den Etienne haben, wegen seiner großen Liebe und wegen der Wunden in seinen Händen, oder?«*

———— ◆ ————

Und wie ist es mit dir? Hast du verstanden, was Jesus Christus für dich getan hat? Er hat sich aus Liebe für dich verwunden lassen – um dich zu retten.

Wir Menschen sind, wie Moritz in dem brennenden Haus, in große Gefahr geraten. Wenn kein Retter gekommen wäre, müsste jeder von uns wegen seiner Schlechtigkeit in ein ewiges Feuer – die Hölle. Aber Gott möchte uns vor dieser Strafe retten. Er hat die Menschen so lieb, dass er uns Jesus Christus als Retter geschickt hat.

Jesus Christus nahm freiwillig die Strafe für unsere Sünden auf sich. Er ließ sich schlagen, auspeitschen, anspucken. Doch das hat er alles für uns ausgehalten. Er ging freiwillig in den Tod, damit er uns retten konnte.

Willst du dich diesem Retter anvertrauen? Dann mach es wie Moritz: Überwinde deine Angst und wage es, dich ganz an Jesus zu klammern. Er wird dich gerne aufnehmen; für ein Leben in seiner Nähe – und für ein ewiges Leben mit ihm im Himmel. ✤

Acapulco

Klippenspringen ist eine Sportart, bei der Sportler von haushohen Felsklippen kopfüber in Gewässer springen. Hier eine Geschichte zu Klippenspringern aus Mexiko ...

Hanna hat es sich auf dem Sofa gemütlich gemacht und legt die Füße hoch auf den Wohnzimmertisch. Neben ihr dampft eine Tasse mit heißem Kakao. Während sie in einem Urlaubsprospekt blättert, liest ihre Mutter gerade am Computer die neuen E-Mails.

Hanna sucht nach einem günstigen Wintersportgebiet in der Nähe von Winkelstädt. Sie würde so gerne mal im Tiefschnee Snowboard fahren. Dabei schießt ihr plötzlich eine interessante Frage durch den Kopf: »Mama«, platzt es aus ihr heraus, »wenn wir heute draußen null Grad haben und es morgen doppelt so kalt werden soll – wie viel Grad werden es dann morgen sein?«

Während Liesel weiter in Ruhe ihre E-Mails liest, murmelt sie: »Das ist doch ganz einfach: Zwei mal null ist null, also auch null Grad, oder?« – »Aber dann wäre es morgen ja noch genauso kalt wie heute ... Es muss doch das Doppelte ergeben ...« – »Hm, keine Ahnung!«

Währenddessen öffnet Liesel die nächste E-Mail. Nach einer Weile sagt sie leise: »Hanna, dein Papa hat geschrieben ...«

Hanna wirft die Decke von ihren Füßen, springt auf und ruft: »*Papa? Echt? Zeig mal! Was schreibt er denn?*«

Hannas Vater hat sich leider schon vor Jahren von seiner Familie getrennt. Er arbeitet auf einer Ölbohrinsel in Südamerika und meldet sich fast nie. Gespannt liest Hanna die kurze Nachricht:

Hallo Hanna!
Entschuldige, dass ich so lange nicht geschrieben hab. Wie geht's dir? Ich möchte schon gern wissen, was bei dir so los ist. Ich hatte einen Leistenbruch. Leider kann ich auch dieses Frühjahr nicht nach Deutschland kommen. Wir planen hier ein neues Großprojekt. Aber ich möchte dich gerne mal einladen. Wie wäre es in den Osterferien? Willst du mich mal besuchen? Wir sind ab April mit einem Schiff im Hafen von Acapulco!
Gruß, Papa

Verärgert blickt Hanna ihre Mutter an: »*Pah! Erst meldet er sich monatelang gar nicht und dann so was. Er sagt nicht mal ›Liebe Hanna‹, sondern nur ›Hallo Hanna‹. Warum ruft er nicht mal an? Seine Arbeit ist ihm wichtiger als ein Besuch bei uns. Und ich bin auch richtig sauer, dass er nicht auch mal nach dir fragt, Mama.*«

»*Ja, Hanna*«, antwortet Liesel. »*Du hast schon recht. Papa weiß nicht, was du dabei empfindest. Er kann sich nicht vorstellen, was so eine knappe, lieblose Mail bei dir bewirkt. Er denkt, dass er dir mit einer Einladung nach Acapulco eine riesengroße Freude macht.«*

»Ich reg mich total darüber auf! Ein halbes Jahr bin ich für ihn wie Luft und dann so eine oberflächliche Einladung nach Acapulco. Meint Papa das ernst? Was soll ich denn da? Wo liegt eigentlich dieses Acapulco? Mal sehen, ob ich es in dem dicken Urlauskatalog finde.«

Hanna geht zurück zum Sofa und sucht im Inhaltsverzeichnis nach Acapulco. – *»Ja, hier, Seite 137. Karibik/ Kuba/Mexiko. Wow, das ist in Mexiko! Hier sind auch ein paar krasse Bilder bei: Fotos von den Stränden und Kakteen. Und hier, von den Klippenspringern von Acapulco. Wahnsinn! Springen die echt da runter? Das würde ich mir total gerne mal ansehen ...«*

»Wie bitte?«, ruft Liesel entsetzt. *»Auf keinen Fall schicke ich dich allein nach Mexiko. Dein Papa soll erst mal hierherkommen. Aber wenn es dich interessiert, kann ich dir gern ein paar Infos zu den Klippenspringern zeigen.«* Liesel tippt »Klippenspringer« in ein Suchprogramm im Internet ein und liest ihrer Tochter das Suchergebnis vor. Sie möchte gern ihre Tochter von den traurigen Gedanken über die E-Mail ihres Vaters ablenken.

»Ah, hier hab ich was. Die Todesspringer von Acapulco. Der Felsen, von dem die Klippenspringer herabstürzen, ist 35 Meter hoch! Er fällt nicht senkrecht nach unten ab, sondern hat tückische Vorsprünge. Man muss sich kräf-

*tig abstoßen, um nicht auf einer Felswand
zu landen. Unten schlagen die Wellen
wütend an die Felsen. Ein dunkler
Abgrund. Kaum vorstellbar, dass
Menschen hier freiwillig
hinabspringen.
Es kommt oft
zu Unfällen.«*

Das Ablenkungsmanöver scheint zu funktionieren. Hanna ist gepackt. »Mensch Mama, lies weiter!«

»Klippenspringer platschen mit 90 km/h ins Wasser! So schnell fahren wir ungefähr über die Landstraße mit dem Auto. Die Männer tragen keine Schutzkleidung. Unerfahrene Springer können falsch auf dem Wasser aufkommen. Dabei kann das Herz aufhören zu schlagen oder das Genick brechen. Der Aufschlag ist extrem hart. Die häufigsten Verletzungen sind allerdings geplatzte Trommelfelle – wegen des gewaltigen Drucks auf den Ohren. Oft brechen sich die Springer auch etwas. Wenn sie z.B. die Faust beim Eintauchen ins Wasser auch nur leicht öffnen, knicken die Finger um. Beulen und Prellungen sind dabei die geringsten Übel. Wenn man den Körper nicht genug anspannt, schlagen einem die Arme gegen den Kopf.«

»Und trotzdem machen die das? Sind die denn total Banane?«, fragt Hanna entsetzt. »Ich trau mich im Hallenbad ja nicht mal vom Dreier zu springen ...« – »Und die Klippe da ist 12-mal so hoch wie das Dreier-Brett«, antwortet Liesel. »Aber es ist für viele Männer in Acapulco die einzige Möglichkeit, Geld zu verdienen. Mexiko ist ein armes Land. Und die Touristen zahlen halt Geld für dieses Spektakel – die gucken sich das an, so wie wir uns einen Kinofilm anschauen.« – »Mama, lies weiter. Ich will alles darüber wissen. Steht da nicht noch mehr?«

Liesel forscht im Internet nach weiteren Infos zu den Klippenspringern in Acapulco. »Hier ist noch so ein Be-

richt. Warte, ich druck ihn aus und wir lesen ihn zusammen.« Tatsächlich – scheinbar hat Hanna die oberflächliche E-Mail ihres Vaters fast vergessen. Kurz darauf kuscheln sich Liesel und Hanna auf dem Sofa gemeinsam unter die Wolldecke und lesen:

———— ◆ ————

Stell dir einen Mann vor, der eine Felswand hochklettert und dann hoch oben auf einer Felsenklippe steht und sich denkt: »*Ich tu's!*« Er legt alle seine Sachen ab, steht hoch konzentriert da und dann … springt er. – Ja, er springt tatsächlich!

Wenige Sekunden stürzt er regungslos die Klippen hinunter. Wie ein Pfeil zischt er ins Wasser. Es gibt einen Knall und er taucht glatt ein. Das Meer hat ihn verschluckt. Mit dem Taucher hält auch der Alte seinen Atem an. Gespannt starrt er auf das Wasser. Da! Er sieht, wie sein Sohn mit kräftigen Zügen durch das türkisgrüne Wasser taucht.

———— ◆ ————

»Mama, wer ist denn der Alte?« – *»Das kommt gleich erst: Das ist sein Vater. Aber lass mich mal weiterlesen.«*

———— ◆ ————

Der Druck pocht und wird unerträglich. Der Vater wartet angespannt. Sein Sohn, der Taucher, gräbt sich weiter und weiter nach unten. Tiefer und tiefer ins immer kälter werdende Wasser. Seine Lungen platzen fast. Aber er ist noch nicht am Ziel. Er taucht so tief wie noch keiner vorher – bis auf den Grund in die dunkle Todeszone. Aber halt – Grund? Es gibt keinen Grund!

Er tastet den bodenlosen Schlamm ab. Was sucht er da bloß im Morast? Da! Er hat es, packt zu, reißt es an sich und hält es fest umschlossen in seiner Hand. Doch in dem tiefen Schlamm kann er sich nicht abstoßen, um wieder nach oben zu kommen. Er steckt fest und sinkt – immer tiefer. Er kämpft und krault – einsam in entsetzlicher Stille. Die Luft geht ihm aus. In einer dunklen aufgewirbelten Wolke aus Schlamm verliert er Orientierung und Besinnung.

Es scheint, als wäre die Zeit stehen geblieben. Der Vater ist verzweifelt. Er sinkt weinend zusammen. »*Mein Sohn!*«, ruft er. Doch da klart das trübe Wasser auf und eine Gestalt taucht auf. Da ist er! Schnell packt der Vater zu und reißt seinen Sohn heraus. In seiner rechten Hand hält er die Kostbarkeit, wegen der er sich todesmutig in die Fluten gestürzt hatte. Er hat sie – die Perle!

———— ◆ ————

Nachdem Liesel vorgelesen hat, sagt Hanna: »*Das war aber kein Bericht von Acapulco, oder? Das ist doch sicher irgendeine Geschichte, die was zu bedeuten hat, oder!? Von welcher Internet-Seite hast du die denn?*«

Liesel steht auf und geht zurück zum Computer. *»Ja, du hast recht. Das ist eine Geschichte, die etwas anderes deutlich machen will. Warte, hier steht noch mehr ...«* – »Ja, lies bitte weiter, Mama!«

———— ◆ ————

So etwas Ähnliches wie der Sohn in der Geschichte hat auch Jesus Christus getan. Er legte buchstäblich all seine Sachen ab. Er tauchte ein in unsere Welt. Obwohl er Gottes Sohn war, verzichtete er auf alle Annehmlichkeiten und kam als ein schutzloses Baby auf diese Erde. Er wollte es so. Er wurde einer von uns – ein Mensch wie wir.

Aber Jesus wurde nicht nur ein Mensch. Er musste tiefer gehen, viel tiefer. Er machte sich noch kleiner. Er ließ sich völlig unschuldig wie ein Verbrecher verurteilen. Er nahm den verachtetsten Tod auf sich und starb an einem Holzkreuz. Dort nahm er alles auf sich – unsere Schuld, unser Versagen, unsere Fehler. Da versank er quasi in unserem Dreck, um uns da herauszuholen.

Aber warum? Was ging ihn das an? Warum kam er in unseren Schlamassel? Nun, weil er auch dich so unendlich lieb hat. Weil auch du für ihn wie eine unschätzbar kostbare Perle bist. Er konnte nicht von Weitem zusehen. Er musste handeln. Er wollte dich retten, an sich ziehen und für immer bei sich haben. Und dafür gab es keinen anderen Weg. Nur so konnte Gott wieder mit uns zusammen sein.

———— ◆ ————

»Mama, denkst du, dass Jesus Christus mich mehr liebt als du?« – Nachdenklich guckt Liesel Hanna an. Dann sagt sie leise: *»Ja, das glaube ich! Es ist so schön zu wissen, dass Jesus Christus uns viel, viel mehr liebt, als wir uns lieben können! Er ist für uns gestorben, um uns zu retten! Wir wären alleine niemals mit unserer Schuld fertiggeworden. Es ist einfach wunderbar, dass es da jemanden gibt, der uns lieber hat als jeder andere Mensch! Und der uns dazu noch lieber hat als sein eigenes Leben.«*

———— ◆ ————

Das ist echt der Hammer! Gottes Sohn, Jesus Christus, kam auf unsere Erde, um uns aus dem Schlamassel unserer eigenen Schuld zu befreien. Er will dich zurück zu Gott bringen. Er möchte dich herausreißen aus all dem, was dich beschäftigt, niederdrückt und was dir vielleicht so sinnlos erscheint. Er hat ein herrliches Ziel für dich und dein Leben. Wer nämlich durch den Glauben an Jesus Gottes Kind wird, darf mal bei ihm im Himmel sein.

In der Bibel, in Psalm 40, steht: *»... er hat sich zu mir geneigt und mein Schreien gehört. Er hat mich heraufgeführt aus der Grube des Verderbens, aus kotigem Schlamm; und er hat meine Füße auf einen Felsen gestellt, meine Schritte befestigt. Und in meinen Mund hat er ein neues Lied gelegt, einen Lobgesang unserem Gott.«* ✤

Wunschlos glücklich?

Hast du dir auch schon mal irgendetwas ganz stark gewünscht und gedacht: »Wenn ich das hätte, dann wäre ich wirklich glücklich!«? Dann lies die Geschichte von Janette, einem 10-jährigen Mädchen aus Winkelstädt. Sie hat noch einige unerfüllte Wünsche. Aber das soll sich alles sehr bald ändern. In zwei, drei Tagen gehen alle ihre Träume in Erfüllung. Nur bleibt Janette trotzdem todunglücklich ...

Rrrrrrr! Schrecklich, dieses durchdringende Geräusch. Der Wecker rasselt, als hätte jemand 1000 Murmeln in eine Waschmaschine gesteckt. Nicht auszuhalten – so ein Krach am frühen Morgen. Janette schlägt entnervt auf ihren Wecker. Ahhh, endlich ist es wieder schön ruhig in ihrem Kinderzimmer. Janette fällt zurück ins Kissen, schlingt sich einen Zipfel der warmen Bettdecke um den Hals und taucht sofort wieder ab ins süße Land der Träume.

Moment! Wo war Janette im Traum stehen geblieben? Ach ja: beim Ausritt über Blumenwiesen. Sie sitzt in einem weißen Kleid im Sattel. Ihr Pferd fliegt über ein duftendes Blütenmeer, springt über Rosenbeete und prescht in den herrlichen Schlosshof. Das Pferd springt direkt durch ein offenes Sprossenfenster in einen Festsaal. Janette klammert sich an die wehende, silberne Mähne und juchzt vor Glück. Da fasst jemand an ihre Schulter. Huch? Sitzt da jemand hinter ihr im Sattel? Der Griff wird fester.

Janette will sich umdrehen. Wer kann sie im vollen Galopp berührt haben?

Von wegen Galopp. Statt an einer silbernen Mähne hat sich Janette ins Bettzeug gekrallt. Die Hand, die an der Schulter schüttelt, gehört ihrer Mutter und Janette hört wie von fern: »*Kommst du mal wieder nicht aus dem Bett? Steh auf, in 5 Minuten gibt's Frühstück.*« Die Gardine vor dem geöffneten Fenster weht sacht. Mama lüftet immer als Erstes ihr Kinderzimmer. Zum Glück gibt's Mama. Sonst hätte sie schon wieder den Schulbeginn verschlafen. Garantiert.

»*Oh Mama! Ich habe sooo schön geträumt. Von einem Schloss und einem Park und riesigen Fenstern. So müsste es auch bei uns sein. Ich wünsche mir Rosenbeete direkt vor dem Fenster. Und das Fenster soll weiße Sprossen haben und mindestens so hoch sein wie unsere Türen – damit mein Pferd durchpasst.*«

»*Und sonst hast du keine Wünsche?*«, fragt Mama.

»*Doch! Ich darf dort in dem edlen Gemäuer mit Blick auf die Rosen und Diener den ganzen Tag im Bett bleiben und bekomme das neueste Pferde-Heft von meinen Freundinnen mitgebracht, die mich in meinem Schloss besuchen. Täglich wird mir das Essen auf silbernen Tabletts ans Bett serviert und außerdem steht in jedem Zimmer ein Fernseher, der Tag und Nacht läuft ...*«

Jetzt reicht's ihrer Mutter: »*Janette, hör sofort auf damit! Zieh dich dalli, dalli an und beeil dich im Bad. Papa muss sich noch rasieren.*«

Im Schulbus fühlt sich Janette plötzlich sehr elend. Ob die Milch von ihrem Frühstücks-Müsli sauer war? Ihr Bauch schmerzt und rumort, als ob jemand 1000 Murmeln in eine Waschmaschine gesteckt hätte. Nicht auszuhalten!

Doch leider lässt sich dieses Rumoren nicht einfach wie ein Wecker abschalten. Der Schmerz wird immer schlimmer – und noch schlimmer – so schlimm, dass jemand dem Busfahrer Bescheid gibt. Direkt an der Bushaltestelle vor der Schule wird Janette mit einem Krankenwagen abgeholt. Der Sanitäter im Rettungswagen sagt ihr: »*Das ist bestimmt eine Blinddarm-Entzündung!*«

———— ❖ ————

Janette liegt frisch operiert in einem Einzelzimmer. Sie wurde ins Stolzacher Marien-Stift, ein ehrwürdiges Hospital mit hohen Räumen, gebracht. Noch sehr schläfrig schaut sie aus dem Fenster. Ein paar Parkgärtner schneiden die Rosenhecken vor dem Krankenhaus.

Wie im Traum hört sie sich sagen: »*Ich wünsche mir Rosenbeete direkt vor dem Fenster. Und das Fenster soll weiße Sprossen haben und mindestens so hoch sein wie unsere Türen. Ich darf dort in dem edlen Gemäuer mit Blick auf die Rosen und Diener den ganzen Tag im Bett bleiben und bekomme das neueste Pferde-Heft von meinen Freundinnen mitgebracht, die mich in meinem Schloss besuchen. Täglich wird mir das Essen auf silbernen Tabletts ans Bett serviert und außerdem steht in jedem Zimmer ein Fernseher, der Tag und Nacht läuft ...*«

Janette braucht lange, bis sie begreift, was mit ihr geschehen ist. Die Narkose lässt allmählich nach. Erst Stunden später darf sie etwas essen. Aber es schmeckt ihr noch gar nicht. Nach zwei Tagen besuchen Janettes Freundinnen ihre Kameradin im Krankenhaus. Die Freundinnen bleiben aber leider nur eine halbe Stunde und verschwinden dann wieder.

Zum Abschied schenken sie ihr eine Zeitschrift – das neueste Pferde-Heft. Ihre Mutter war heute noch nicht zu Besuch. Sie kann erst am Abend kommen, weil sie sich um Janettes Geschwister und den Haushalt kümmern muss. Noch immer hat Janette heftige Schmerzen. Sie fühlt sich elend und einsam und hat Langeweile – den ganzen Tag still im Bett zu liegen, ist keine Freude.

Janette starrt zur Zimmerdecke. Ist das langweilig! Da öffnet sich die Tür. Endlich: Mama kommt herein. Janette weint leise vor sich hin. Es geht ihr noch gar nicht gut. Die Wunde zwickt und zwackt und jede Bewegung tut ihr weh. Ihre Mama tröstet sie und macht ihr Bettzeug zurecht.

Die beiden unterhalten sich lange. Später sagt Mama: »*Liebes, ist dir etwas aufgefallen? Vorgestern früh beim Aufstehen hast du dir doch einiges gewünscht ...*«

Und ob sich Janette erinnert! »*Du hast mir damals erzählt, wie du dir dein Traumleben vorstellst.*«

Jetzt wird es Janette bewusst: Fast alle ihre Wünsche sind in Erfüllung gegangen:

- Sie darf, wie gewünscht, den ganzen Tag im Bett bleiben.
- Ihr Zimmer hat tatsächlich riesige weiße Sprossenfenster.
- Hübsche Rosenbeete gibt's auch – direkt vor dem Fenster.
- Auf ihrem Bett liegt tatsächlich das neueste Pferde-Heft.
- Ihr Essen wird ihr auf silbernem Tablett ans Bett gebracht.
- Und außerdem läuft hier in jedem Zimmer ein Fernseher – Tag und Nacht.

Hm, unglaublich. Genauso hat sie es sich gewünscht. Aber sie ist dennoch todunglücklich. Wie kommt das nur?

——— ◆ ———

Na? Hast du dir schon gedacht, dass die Geschichte mit Janette so enden würde? Klar, die Geschichte ist nur erfunden, aber es ist viel Wahres daran: Auch wenn alle unsere Wünsche in Erfüllung gingen, würden wir nicht glücklicher. Natürlich, Janette fühlte sich schlapp und elend. Wer kann im Krankenhaus schon happy sein? Aber trotzdem gilt: Wirkliche Zufriedenheit findet man nur, wenn man lernt, für das, was man hat, Gott dankbar zu sein. Wer nicht zufrieden ist mit dem, was er hat, der wäre auch nicht zufrieden mit dem, was er sich wünscht.

Der Glaube an Gott und die Fähigkeit, mit wenigem zufrieden zu sein, sind tatsächlich ein großer Reichtum, sagt Paulus in 1. Timotheus 6,6. In etwas altmodischer Bibelsprache heißt es da wörtlich: »*Die Gottseligkeit mit Genügsamkeit aber ist ein großer Gewinn.*« Gott zu haben und Zufriedenheit zu kennen, ist mehr als jeder Reichtum.

Probier es mal aus: Danke Gott für alles, was er dir gibt – und dein Leben wird glücklich und zufrieden. Er ist unser Vater im Himmel, der genau weiß, was gut für uns ist. Er schenkt uns, was wir zum Leben brauchen. Unsere Wünsche sind oft schädlich für uns und verschaffen uns keine echte Zufriedenheit.

Lies heute vor dem Schlafengehen Psalm 116,7 – das sorgt für eine gute Nacht: *»Kehre wieder, meine Seele, zu deiner Ruhe! Denn der HERR hat wohlgetan an dir.«*

Stell dir vor, du wärst heute nur mit den Dingen aufgewacht, für die du gestern Gott dankbar warst. Was bliebe da übrig?

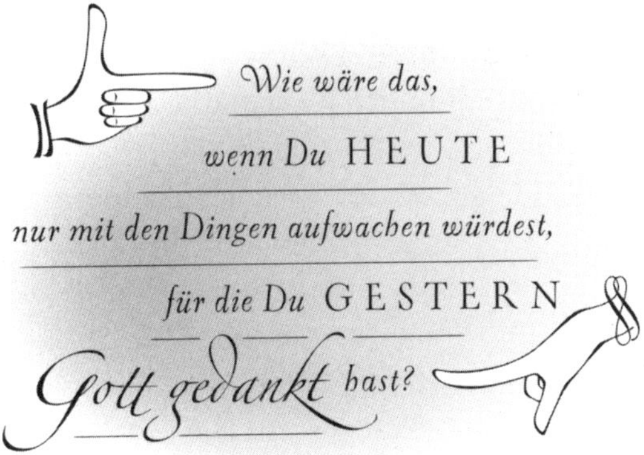
Wie wäre das,
wenn Du HEUTE
nur mit den Dingen aufwachen würdest,
für die Du GESTERN
Gott gedankt hast?

Der ausgefranste Teddybär

Heute schauen wir mal in das Kinderzimmer von Jenny. Gleich kommt ihr Bruder Adrian und dann gibt's bestimmt wieder Krach. Aber lies es doch einfach selbst …

Jenny drückt ihren alten, zerschlissenen Teddybär noch einmal kurz an sich, bevor sie ihn behutsam auf ein Kopfkissen legt. *»Schlaf gut, Bolle, ich hab dich lieb!«*

Genau in diesem Moment schaut ihr Bruder Adrian durch die Kinderzimmertür. Verschmitzt lächelnd fragt er: *»Wann kriegt dieses ausgefranste Ding endlich sein anständiges Begräbnis – in der Mülltonne? Ha ha ha.«* Adrian lacht lauthals über seinen eigenen Witz.

»Du bist doof, Adrian«, schreit Jenny empört. *»Das finde ich überhaupt nicht witzig …«*

Da kommt Mutter zur Tür und sagt: *»Adrian, hör auf, Jenny zu ärgern. Kommt, wir müssen los; Tante Katha wartet bestimmt schon!«*

Jenny verzieht ihr Gesicht. Muss das sein? Schon wieder ihre Tante Katharina im Pflegeheim besuchen … Sie lebt dort schon, seit sie Witwe wurde. Ihr Verstand ist schon lange nicht mehr ganz klar und die Kinder hassen es, sie zu besuchen. Es ist für Kinder einfach eine Strapaze. Nur widerwillig steigen Jenny und Adrian ins Auto. Im Pflegeheim angekommen, trottet Jenny weit hinter ihrer Mama und Adrian her. Sie kennt hier alles in- und auswendig. L a n g w e i l i g ! Diese endlosen Bohnerwachs-Flure.

Wie immer werden sie gleich bei der Nummer 314 anklopfen, hinter der extrabreiten, weißen Tür eine krächzende Stimme »*Herein!*« rufen hören und dann Tante Katharina beim Durchsehen alter Fotos antreffen – die immer gleichen schwarz-weißen Bilder mit Leuten aus einem anderen Jahrtausend.

Jenny schlendert ins Zimmer und gibt Tante Katha noch nicht mal eine Hand. Aber Mama begrüßt sie liebevoll, erkundigt sich nach ihrem Befinden und redet mit ihr über die Bilder – wie immer –, während Jenny ein Bild malt – malen muss. Das Bild wird sie anschließend ihrer Tante schenken – wie immer. Und Adrian macht währenddessen auf der Fensterbank seine Hausaufgaben – wie immer. Wie öde.

Da hat Jenny einen Einfall: Ihr Filzstift flitzt auf dem DIN-A4-Blatt hin und her. Ihre Zunge macht im Mundwinkel die gleichen Bewegungen. Adrian schaut kurz auf und sieht seine kleine Schwester grinsen. Was hat sie nur? Adrian kommt ein Stück näher.

Jenny malt eifrig eine klapprige Frau mit hässlicher Frisur und schwarzen Zähnen. Dann zeigt sie es Adrian: *»Das ist Tante Katha!«* Jetzt malt sie noch einen Pickel mitten ins Gesicht. Gemeinsam kichern sie in ihrer Ecke.

Sie merken zu spät, wie Mama zu ihnen kommt, Jenny über die Schulter schaut und ihr das Spottbild leise aus der Hand zieht. Zum Glück kann sie es vor Tante Katharina verbergen.

Auf der Heimfahrt sitzt Mama ganz still hinter dem Steuer. Wieder zu Hause, dirigiert sie die beiden Kinder sofort in Jennys Zimmer. Mama nimmt Jennys Teddybär vom Bett, streichelt ihn und fragt: *»Jenny, ich vermute, du hast deinen Bolle noch immer sehr lieb, obwohl sein Fell abgerieben ist und ihm ein Auge fehlt, stimmt's?«*

Jenny nickt. *»Wie hat es dir gefallen, als sich Adrian heute Vormittag über deinen Bären lustig gemacht hat?«* Jenny überlegt, worauf Mama hinausmöchte. Natürlich hatte ihr das ganz und gar nicht gefallen. Mit traurigem Blick erzählt Mama:

»Als meine Eltern im Krieg gestorben waren, hat Tante Katharina mich großgezogen. Sie hat sich aufopferungsvoll um mich gekümmert. Ich verdanke ihr sehr viel. Obwohl sie alt und gebrechlich ist, liebe ich Tante Katha. Es tut mir weh, wenn ich sehe, wie ihr euch über sie lustig macht – genauso, wie es dir wehtat, Jenny, als Adrian sich über diesen Bären lustig machte. Verstehst du?«

»*Es tut mir leid*«, murmelt Jenny. Die beiden sind beschämt wegen ihres Verhaltens vorhin. »*Gott gebietet uns, alte Menschen zu ehren und zu respektieren, auch wenn sie vielleicht gebrechliche Körper oder einen verwirrten Verstand haben*«, fährt Mutter fort. »*Sie war viele, viele Jahre für ihre Familie und für mich da. Jetzt, wo sie nicht mehr kann, ist es an uns, für sie da zu sein. Würdet ihr beiden euch das bitte merken?*«

Jenny und Adrian nicken feierlich. Adrian deckt den alten Teddy sogar behutsam zu, als er das Zimmer verlässt.

———— ◆ ————

Hast du dich schon einmal über alte Menschen lustig gemacht? Wohnen Oma oder Opa bei euch im Haus? Bist du manchmal genervt von älteren Leuten, wenn sie sonderbar oder schroff sind? Wirst du ungeduldig, wenn sie die gleichen Geschichten immer wieder erzählen?

Die Bibel sagt in Sprüche 16,31, dass graues Haar wie eine prächtige Krone ist, die man auf dem Weg der Gerechtigkeit findet. Das bedeutet, dass man Grauhaarige wie einen König oder eine Königin achten soll. Behandelst du alte Menschen so? Begegnest du ihnen mit Respekt?

In 1. Timotheus 5,1-4 heißt es: »*Einen älteren Mann fahre nicht hart an, sondern ermahne ihn als einen Vater, ... ältere Frauen als Mütter ... Ehre die Witwen, ... denn dies ist angenehm vor Gott.*«

Viele Macken und Schrullen von älteren Menschen sind Spuren der Vergangenheit. Aber mach es wie Adrian: Decke sie liebevoll zu. *»Vor grauem Haar sollst du aufstehen und die Person eines Greises ehren«* (3. Mose 19,32).

Tja, wann hast du eigentlich deiner Oma, deinem Opa oder einem älteren Nachbarn das letzte Bild gemalt oder eine Überraschung gemacht? Probier es doch mal aus – vielleicht sogar mit einem Bibelvers darauf ...

———— ◆ ————

Der Teddy

Der *Teddybär* bekam seinen Namen wegen Theodore Roosevelt – einem amerikanischen Präsidenten († 1919). Dieser Präsident trug den Spitznamen *Teddy*. Weil er sich auf einer Jagd in Mississippi weigerte, ein süßes Bärenbaby zu erschießen, gab es bald in den Zeitungen viele Bilder von Roosevelt und dem verschonten kleinen Bären. *»Teddy's bear«* (Theodors Bär) wurde schnell zur Symbolfigur für den Präsidenten.

Die ersten Plüschbären mit beweglichen Armen und Beinen gehen auf Margarete Steiff zurück – eine zarte Frau, die sich wegen Kinderlähmung kaum bewegen konnte.

Hier kannst du ihre beeindruckende Geschichte lesen:

———— ◆ ————

Einen Rollstuhl für gelähmte Kinder gab es damals noch nicht: Deshalb saß Margarete (auch »Gretel« genannt) gern in einem Bollerwagen auf der Straße vor dem Haus. In dem hölzernen Wagen lagen ein paar Kissen und etwas Nähzeug. Jeden Morgen trug ihre Mutter die Gelähmte eine Treppe hinunter, hockte Margarete in den Wagen und polsterte sie mit den Kissen.

Obwohl sie dort fast regungslos sitzen musste, war sie nie traurig. Ihre lebhaften, dunklen Augen beobachteten die Welt. Mit ihrer flinken Hand erledigte sie Näharbeiten. Gerne erzählte sie anderen Leuten Geschichten. Dann saßen Nachbarskinder um sie herum und hörten gespannt zu.

Margarete musste viel im Bett liegen. Ihre kranken Arme und Beine brauchten Ruhe. Da hörte sie draußen wieder die Nachbarskinder spielen. Wie gerne wäre sie dabei gewesen! Plötzlich rief einer: »Gretel, wir holen dich!«

Sie trugen das Mädchen nach draußen und zogen mit Gretel los. Dabei wurden die Kinder etwas übermütig.

Immer schneller rannten sie mit ihrer Bollerwagen-Kutsche. Aber Margarete ging es nicht wild genug. Da – ein Schrei! Der Wagen stürzte um. Als sie die gelähmte Gretel aufheben wollten, weinte sie. Mit gebrochenem Bein musste Gretel nach Hause getragen werden. Lange Zeit konnte sie das Bett nun gar nicht mehr verlassen.

In dieser Zeit dachte Gretel viel nach. Die Geschichten aus der Bibel fielen ihr ein. Wie Jesus die Kranken heilte. Sie betete zu Gott. Aber nicht: *»Gott, mach mich gesund!«*, sondern: *»Bitte, verwandle mein Herz!«* Margarete gewann durch ihren Glauben an Jesus Christus großen Lebensmut, auch wenn sie nie laufen konnte. Statt um gesunde Beine bat sie um ein dankbares Herz.

Durch den Unfall hatte Margarete begriffen, dass die kranken Füße unveränderbar ein Teil ihres Lebens sind. *»Ich will mich nicht mehr innerlich dagegen auflehnen, sondern meine Behinderung als meine Aufgabe ansehen«*, sagte sie sich.

Margarete nähte immer besser. Zusammen mit ihrer Schwester eröffnete sie eine Schneiderei. Um sich die Arbeit zu erleichtern, kaufte sich die junge Frau die erste Nähmaschine der ganzen Stadt.

Die Menschen kauften gerne bei den Schwestern. Die gelähmte Margarete lieferte nicht nur gute Ware, mit ihrer Fröhlichkeit vertrieb sie auch die Sorgen der Kunden.

Als sie einmal mit ihrer Schwester alleine war, klagte sie: *»Wenn du wüsstest, wie schwer es ist, sich immer von anderen führen und tragen zu lassen! Ich bin jung und würde auch gerne alles selber machen können. So bin ich für alle eine Last.«*

»Vertraue auf Gott«, tröstete ihre Schwester sie, *»und denke daran, Gretel, dass ein kluger Kopf und ein warmes, liebendes Herz für Gott nützlicher sein können als die gesündesten Beine.«*

Gretel wollte trotz ihrer Behinderung etwas Kreatives zustande bringen. Mit ihrer sehr einfachen Nähmaschine begann sie, kleine Nadelkissen anzufertigen.

Zu Weihnachten verschenkte Margarete diese Nadelkissen, die wie kleine Elefanten aussahen. Kaum waren die Weihnachtstage vorbei, stürmten die Leute in die Schneiderei und wollten noch weitere kleine Filz-Elefanten kaufen. Die Kinder hatten ein neues Spielzeug entdeckt. Da kam Margarete auf die Idee, die verschiedensten Plüschtiere für Kinder anzufertigen. Aus der Schneiderei wurde nach und nach eine richtige Spielwarenfabrik mit vielen Arbeitern.

Margarete Steiff entwarf immer neue Tiere. Obwohl das Material teuer und die Arbeit aufwendig war, fing sie an, Bären zu nähen, Bären aus weichem Fell und mit leuchtenden Glasaugen. Das hatte es noch nie gegeben.

Auf einer Neuheiten-Messe in Leipzig wollte zunächst keiner den Plüschbären kaufen. Gerade sollten die Tiere wieder eingepackt werden, da kam ein Mann an den Stand. Er war so begeistert von dem drolligen Bären, dass er sofort 3000 Stück davon bestellte, um sie in Amerika zu verkaufen.

Ein solcher Kuschelbär wurde wohl auch für Theodore Roosevelts Tochter gekauft. Ab da wurde er bald überall nur noch »*Teddy*« genannt.

So trat Margarete Steiffs Teddybär seinen Siegeszug um die Welt an. Margarete Steiff hatte gelernt, dass Gott aus jedem Leben etwas machen kann. Eine Behinderung oder ein anderes Problem sind kein Problem für Gott. Er hat für jeden Menschen eine besondere Aufgabe. ✤

(Nach einem Beitrag aus »Der Kompass«, Ein Tageskalender für junge Leute, CSV Hückeswagen – mit freundlicher Genehmigung.)

Die Rolltreppe

Ein Besucher aus Indonesien bekommt es mit den Tücken der Technik zu tun. Vielleicht kannst du seine Panik verstehen, weil du einmal etwas Ähnliches erlebt hast.

Pitt Diesel und Thomas freuen sich auf den Tag. Heute sollen sie Ayub Joko am Flughafen abholen und ihm dann Winkelstädt und Stolzach zeigen.

Ayub kommt ganz frisch eingeflogen – aus Indonesien. Er war noch nie im Ausland. Ayub hat ein Stipendium gewonnen – auf einer Missionsschule. »*Hä? Was ist denn ein Stehpedium?*«, fragt Thomas.

»*Kein Stehpedium – ein S t i p e n d i u m. Das ist eine Art Gutschein für eine bessere Schule*«, erklärt Pitt. Wer ein Stipendium geschenkt bekommt, kann z. B. ins Ausland und dort auf eine höhere Schule gehen – und muss kein Schulgeld bezahlen, sondern erhält alles kostenlos.

»*Ein Schulgutschein? Den möchte ich nicht mal geschenkt haben!*«, lacht Thomas los. Ayub schon. Er kann mit seinem Stipendium für zwei Jahre im Stolzacher Internat wohnen und seine Schulbildung verbessern.

Ayub ist sehr begabt. Er hat schon in Indonesien etwas Deutsch gelernt, aber er möchte es richtig gut können. Er ist ein ganz aufgewecktes, lustiges Kerlchen. Pitt hat ihn sofort ins Herz geschlossen. *»Selamat datang, ich Ayub Joko!«* – *»Guten Tag! Ich bin Thomas von Stolzenstein!«*, begrüßen sich die beiden etwa gleichaltrigen Jungs. Etwas abschätzig starrt Thomas den wildfremden Burschen an. Er trägt tatsächlich eine asiatische Tracht und einfache Bastschuhe. Sein Haar ist pechschwarz und seine Zähne blitzen heller als die Augäpfel.

»Ob der direkt aus dem Urwald kommt?«, fragt sich Thomas. Es war Pitts Idee, die beiden miteinander bekannt zu machen. Doch schon bald bemerkt Thomas, dass da keineswegs ein Wilder vor ihm steht. Die beiden mögen sich.

Zunächst wollen Pitt und Thomas mit Ayub ein Paar Sandalen kaufen gehen. In Ayubs Heimat trägt man nur selten Schuhe – höchstens an Feiertagen. Aber hier in Deutschland, wo man nur über Beton oder Asphalt läuft, braucht jeder gepolstertes Schuhwerk.

Die drei betreten das Einkaufszentrum von Stolzach. Ayubs Kopf kreist in alle Richtungen. Er weiß gar nicht, wo er hinschauen soll. Er kennt zwar bunte Wochenmärkte und Basare, aber so ein Feuerwerk an Gütern, Glitzer und Geräuschen hat er noch nie erlebt. Bisher nur am Flughafen. Das Warenangebot erschlägt ihn fast. Wenn das seine Mutter erleben könnte …

Direkt hinter dem Eingang beginnt die Schuhabteilung. Ayub probiert ein paar Klettsandalen an. Als die Verkäuferin ihn bittet, die Riemen zu öffnen, ruft Ayub entsetzt: »*O sorry, jetzt kaputt!*« Er hat das Ratschen vom Klettverschluss noch nie gehört.

Dann möchte Thomas dem Besucher die Elektronik-Abteilung zeigen. Die liegt im zweiten Stock. »*Aber zuerst dürft ihr euch hier noch ein paar Süßigkeiten aussuchen!*«, sagt der spendable Pitt. Auch das überfordert Ayub völlig. Er hat keine Ahnung, was sich hinter diesen vielen bunten Steinchen und klebrigen Dingen verbirgt.

Aber schon bald naschen die Jungs um die Wette aus einer großen Papiertüte. »*Ich haben nie gegessen so hartes Süßstein. Es schmecken gut. Wie Obst und Honig.*« – »*Deshalb hast du auch noch so schöne Zähne, Ayub!*«, sagt Pitt. Wie selbstverständlich schiebt Thomas seinen Gast Richtung Rolltreppe und sagt: »*So, jetzt aber los in den zweiten Stock.*« Doch Ayub schreckt zurück. Was ist das denn?

Ayub stand noch nie vor einer Rolltreppe. Ihm ist das silberne Ungetüm nicht ganz geheuer. Ayub hält sich am Süßigkeiten-Regal fest. Ganz vorsichtig neigt er sich mit dem Oberkörper nach vorne und starrt auf die rotierenden Treppenstufen. Beinahe wäre das Regal umgefallen.

»*Boah! Treppe kommen aus Fußboden geströmt wie silbernes Wasserfall. Aber Wasser laufen von hoch nach tief – aber hier von tief nach hoch. Kommen Treppe aus Keller? Wann kommen endlich die Ende von dieses Stufen?*«

»*Langsam, langsam. Nicht so viele Fragen auf einmal. Schön der Reihe nach*«, schmunzelt Pitt. »*Schau mal, Ayub: Diese Treppe läuft rum und rum. Sie kommt nicht aus dem Keller oder aus dem Dach, sondern sie dreht sich wie ein endloses Band. Die Stufen laufen immer im Kreis.*«

»*Waas?*«, stößt Ayub erstaunt hervor, bückt sich zwischen Regal und Handlauf der Rolltreppe und guckt dabei unter die Treppe. Dann ruft er verdutzt: »*Jambo! Aber dann muss auf andere Seite alle Leute fallen runter!*« Thomas und Pitt lachen lauthals los.

Noch immer steht Ayub unschlüssig vor der Rolltreppe. Er hat noch niemanden beobachten können, der sie benutzt. Aber Thomas erklärt es ihm: »*Es ist ganz einfach. Du musst nur einen Schritt wagen. Der Rest läuft wie von selbst.*«

»*Aber wenn neue Sandale bleiben – krrrr – in Ritze hängen? Dann – knack – Fuß kaputt*«, erwidert Ayub und unterstreicht seine Worte mit Händen und Füßen. »*Ja, aber dafür sind die Ritzen zu schmal.*«

Ayub gibt sich einen Ruck: »*O.k., nur einen Schritt … Ich probieren mal mit nur eine Bein. Wenn dann gehen gut, nehmen ich auch mit zwei Bein.*« Oh weh, das ist keine gute Idee, aber noch bevor Thomas etwas sagen kann, hat Ayub seinen linken Fuß auf die Rolltreppe gestellt. Mit dem anderen Fuß bleibt er aber vor der Treppe – auf festem Boden stehen.

Plötzlich fängt Ayub ein merkwürdiges Gehampel an: Sobald sein Fuß eine Stufe vorangefahren ist, zieht er rasch das Bein zurück, setzt es kurz ab, wird aber erneut zwei, drei Stufen in die Höhe gefahren, um dann wieder einen Rückzieher zu machen. Bei dem ganzen Gezappel bleibt aber sein rechter Fuß immer am Boden.

Als sich Ayub Hilfe suchend nach Pitt umschaut, fährt sein linkes Bein sogar vier Stufen weit nach oben. Fast im Spagat brüllt Ayub: »*Hilfe. Ich zerreißt mich!*« Da zieht Pitt den verzweifelten Jungen von der Rolltreppe.

Thomas muss innerlich grinsen. Ist das Rolltreppefahren denn so kompliziert? Nun macht er es seinem neuen Freund vor. »*Schau her, Ayub. Du musst nur mit beiden Beinen auf die erste Stufe treten. Verstehst du? Mit beiden Beinen.*« Als er Thomas so mühelos in die Höhe fahren sieht, wagt Ayub es auch. Und siehe da – es ist tatsächlich ein Kinderspiel.

———— ◆ ————

Am Nachmittag sitzen die Freunde zusammen am Springbrunnen der Stadt und unterhalten sich über Ayubs ersten Tag in Deutschland. Pitt erklärt: »*Genauso wie mit der Rolltreppe ist es mit vielen Dingen im Leben. Was man noch nie getan hat, macht einem Angst. Und was man nur halbherzig tut, geht schief. Man muss sich manches Mal entscheiden: Will ich das oder will ich das nicht?*

Und dann muss man sich auf eine Sache festlegen. Ayub, du z. B. musstest dich entscheiden: Will ich zwei Jahre nach Deutschland oder lieber nicht? Will ich Sandalen oder doch lieber Turnschuhe? Will ich Rolltreppe fahren oder lass ich es sein? Halbe Sachen gehen schief.

Auch mit dem Glauben an Gott ist das so. Manche haben Angst vor Gott, weil er ihnen noch fremd ist. Andere wissen nicht, wie man in den Glauben ›einsteigen‹ kann. Sie stehen etwas ratlos davor, wie man eigentlich Christ wird. Aber eins ist ganz klar: Man muss sich für oder gegen Jesus entscheiden. Etwas dazwischen ist Unsinn.

Es hat keinen Wert, wenn wir uns ihm nur halbherzig zuwenden. Gott möchte dich ganz. Du musst dazu einen Vertrauens-Schritt wagen. Der Anfang im Glauben an Gott ist wie das Betreten einer Rolltreppe.

Nicht wahr, Ayub? Dir hat das Rolltreppe-Fahren zuerst gar keinen Spaß gemacht. Du musstest ständig von Bein zu Bein hinken und beinahe hätte es dich zerrissen. Am liebsten hättest du es aufgegeben. So geht es auch vielen Menschen mit Jesus. Sie haben sich ihm nie wirklich anvertraut, – ganz, – ohne Rückzieher. Sie haben es vielleicht mal probiert. Einmal gebetet, ein bisschen an ihn geglaubt. Aber niemals völlig. Immer nur mit Vorbehalten.«

Dann zieht Pitt seine kleine Bibel aus der Tasche und fragt die Jungs: »*Kennt ihr diesen Bibelvers? Er steht in*

1. Könige 18, Vers 21: ›Wie lange hinkt ihr auf beiden Seiten? Wenn der HERR der Gott ist, so wandelt ihm nach; wenn aber der Baal, so wandelt ihm nach! Und das Volk antwortete ihm kein Wort.‹

Baal war damals in Israel ein Star-Götze, ein Idol, der Lieblingsgott der damaligen Zeit. Auch heute noch gibt es vieles, was uns von Gott ablenkt. Aber merke dir: Ein halber Christ ist ein ganzer Unsinn. Entweder folgt man Jesus wirklich nach, oder man lässt es besser sein. Wenn du erleben willst, dass Gott dich trägt und in den Himmel bringt, musst du dich ganz auf ihn einlassen.

Du musst den Schritt wagen – wie auf der Rolltreppe. Wer aber noch mit halbem Herzen an scheinbar wichtigeren Dingen hängt, wird ein bedauernswertes Leben führen. Dann bleibt man immer hin- und hergerissen.« ⚘

Ihr habt nicht gewollt ...

Gut, dass du heute nicht in Winkelstädt warst. Denn dort hat ein Orkan starke Verwüstung angerichtet. Er ist auch über den Flugplatz am Schanzer Kopf hinweggefegt. Dabei ist unser Freund Pitt, der Doppeldecker-Pilot, zu einem Lebensretter geworden. Aber beinahe wäre seine Rettungsaktion gescheitert.

»Achtung. Wir unterbrechen unser Programm wegen einer dringenden Unwetter-Warnung für den Bereich der oberen Stolzach. Der Deutsche Wetterdienst sagt Stürme in Orkanstärke voraus. Heute Mittag ist entlang des Stolzacher Mittelgebirges mit Windgeschwindigkeiten von bis zu 160 Stundenkilometern zu rechnen. Bitte halten Sie sich nicht im Freien auf. Suchen Sie Schutz in sicheren Gebäuden, parken Sie Fahrzeuge möglichst nicht unter Dächern und Bäumen. Es ist mit herabstürzenden Dachziegeln, Ästen und starken Hagelschlägen zu rechnen. Und nun die Verkehrs-Nachrichten. Wir melden Staus ab 3 Kilometern Länge ...«

Pitt schaltet das Radio ab. Puh, eine Unwetterwarnung für seine Gegend! Ob der Orkan auch Winkelstädt erreicht? Dann gäbe es noch einiges in Sicherheit zu bringen. Er müsste rasch seine geliebte Lotte, den knallgelben Doppeldecker, in den Hangar schieben, Liesels VW Käfer in die Garage fahren und alle Fensterläden vom Ausflugsrestaurant schließen – ach ja, und auch die Sonnenschirme auf der Terrasse zusammenklappen.

Dummerweise ist er heute allein auf dem Schanzer Kopf. Etienne, sein Mechaniker, ist auf einer Metallwarenmesse und Liesel, seine Schwester, ist schon seit Tagen im Urlaub. Womit soll er nur anfangen? Wird er rechtzeitig fertig werden?

Ohne lange zu überlegen, holt er den Auto-Schlüssel und fährt zuerst den Käfer in die Garage. Liesel hängt doch so an dem alten Schätzchen. Dann läuft er ins Haus und schlägt hastig alle Fensterläden zu. So! Jetzt nur noch das Giebelfester im Dachgeschoss, dann wären alle Fensterscheiben geschützt. Als er vor das letzte Fenster tritt, traut er seinen Augen kaum:

Von hier oben hat er eine wunderbare Aussicht. Aber was sieht er da? Zwanzig, dreißig Graugänse segeln in engem Bogen um den Tower, heben zum Bremsen flatternd ihre Schwingen und landen dann direkt neben seinem Doppeldecker. Ob die schon auf dem Weg Richtung Süden sind?

Jetzt begreift Pitt, warum die Gänseschar ihren Flug unterbrochen hat. Über den Wipfeln des Stolzacher Forstes braut sich eine dunkle Wolkenmasse zusammen. Das Wasser im Kieselweiher kräuselt sich vom Wind und schlägt in Wellen ans Ufer.

Die Fichten im Wald biegen sich wie wippende Weizenhalme. Gleich wird ein Sturmwind über den kleinen Flugplatz fegen. Nun bloß keine Zeit verlieren! Schnell den

Doppeldecker in den Hangar schieben und dann das Tor schließen.

Als Pitt vor die Haustür tritt, schlägt ihm ein heftiger Wind entgegen. Er muss mit beiden Händen den Saum seiner Jacke festhalten und sich gegen den Wind stemmen, sonst hätte er ihn fast umgepustet. Pitt weiß: Der Orkan wird nicht lange auf sich warten lassen. Wenn dann auch noch kräftiger Hagel dazukommt, werden die Eiskörner die dünne Bespannung der Doppeldecker-Flügel zerfetzen …

Doch da sieht er, warum die Graugänse genau hier gelandet sind. Sie haben sich eng zusammengeduckt unter die beiden Flügel des klapprigen Flugzeugs gedrängt und wie ängstliche Küken unter den Flügeln einer Henne Schutz gesucht. Pitt rührt der Anblick der schnatternden Gänse. Für sie sah der gelbe Flieger aus der Luft wohl wie ein großer Vogel aus.

Was soll er nur machen? Da kommt ihm die Idee: Er wird seinen Doppeldecker starten und dann ganz langsam in den schützenden Hangar fahren. Bestimmt würden die Gänse der übergroßen »Mutter« folgen und auch in die Halle watscheln. Dort wären sie vor dem Orkan und dem Hagelschlag in Sicherheit.

Behutsam schleicht Pitt sich an die zischenden Gänse heran. Nur wenige Meter sind es bis zum Flieger. Doch einige hüpfen verängstigt auf die unteren Tragflächen des Doppeldeckers. Andere senken ihre Hälse zum Angriff und hacken mit den Schnäbeln.

»Ich tu euch nichts, im Gegenteil: Ich will euch helfen«, redet Pitt auf die Gänse ein, als könnten sie ihn verstehen. Dann besteigt er das Cockpit und drückt den Anlasser. Da tuckert der Motor los und der Propeller dreht sich stockend. Bei diesem Getöse hasten die Gänse unter dem Flieger hervor und rennen kopflos Richtung Terrasse.

Pitt steuert seinen gelben »Vogel« in die Halle, springt aus dem Cockpit und will das Rolltor schließen. Aber halt! Die Gänse sind ihm natürlich nicht gefolgt. Sie sind unter die Klappstühle und Tische auf Liesels Gasthaus-Terrasse geflüchtet.

Da wirbeln auch schon die ersten Sonnenschirme wie Pusteblumensamen durch die Luft. Der Orkan braust gleich in voller Stärke los! Stühle und Tische werden einfach weggeblasen und dicke Hagelkörner prasseln nieder. Sie treffen die schutzlosen Gänse und peitschen in das offen stehende Hangar-Tor.

Pitt rennt aus dem Hangar und ruft: *»Los, kommt her zu mir. Hier seid ihr in Sicherheit! – Kooomm! kooomm!«*

Doch die Gänse trauen ihm nicht. Sie denken nur an den schrecklichen Krach des Propellers vorhin und erschrecken vor dem Geschepper der umherwirbelnden Klappstühle.

Da kommt Pitt eine Idee. Neben dem Hallentor hängt doch sein gelber Regenmantel. Er zieht ihn sich rasch über. Dann breitet er beide Arme aus und bewegt sich behutsam auf die Gänse zu. Dabei peitschen ihm Hagelkörner ins Gesicht. »*Gack, gack, gack!*«, versucht Pitt ihre Laute nachzuahmen.

Nur zwei junge Gänse kriechen aus dem gefährlichen Durcheinander von Tischen, Stühlen und zerfetzten Schirmen und lassen sich von ihm locken. Sie folgen dem Mann in gelber Kleidung im Gänseschritt in die Flugzeughalle.

Nur zwei? Aber was wird aus den anderen? Pitt versucht es noch einmal. Diesmal bückt er sich, geht auf die Knie und watschelt wie eine Gans über das nasse Gras. Inzwischen gewittert es und ein Hagelschauer geht über dem Schanzer Kopf nieder. In wenigen Sekunden ist alles weiß von dicken Hagelkörnern.

Jetzt vertrauen sich fünf weitere Gänse dem seltsamen »Lockvogel« an und folgen ihm in die schützende Halle. Ein Blitz durchzuckt den tieftrüben Nachmittagshimmel, und mit einem gewaltigen Donnerkrachen stürzen Blumenkübel und Schirmständer quer über die Terrasse.

Pitt wird es angst und bange. Er bleibt im Hangar und schließt das schwere Rolltor. Nur sieben Gänse sind gerettet. Durch die Sichtfenster im Tor beobachtet er, was da draußen vorgeht.

Nach einer halben Stunde ist das Unwetter vorüberge-
zogen. Pitt hört das Telefon klingeln. Seine Schwester
Liesel ist dran. *»Hallo Pitt. Hat es wirklich in Winkelstädt so furchtbar gestürmt, wie es in den Nachrichten
kam?«* – *»Noch viel schlimmer!«*, antwortet Pitt. *»Hier
ist viel kaputtgegangen: deine Blumen, deine Terrassen-
möbel, doch dein Auto ist unbeschädigt ... Aber leider liegen einige tote Graugänse vor unserer Haustür. Sie haben
im Orkan keinen Schutz gefunden. Dazu hätte ich die
Gänsesprache sprechen müssen ...«*

Später, beim Aufräumen, schießt es Pitt wie ein Blitz
durch den Kopf: Ja, so ähnlich wie ihm ergeht es wohl
auch Gott. Er will uns Menschen retten, aber wir haben
oft Angst vor ihm. Er will uns warnen vor dem Unheil,
das auf uns zukommt, aber wir glauben ihm nicht.

Deshalb kam Gott selbst auf diese Erde. Er wurde in Jesus Mensch und sprach unsere Sprache. Er hat sich ganz
klein gemacht. Er beugte sich ganz tief, damit wir ihn
verstehen können. Jesus selbst hat einmal gesagt:

*»Wie oft habe ich deine Kinder versammeln wollen, wie
eine Henne ihre Küken versammelt unter ihre Flügel, und
ihr habt nicht gewollt!«* (Matthäus 23,37).

Wie warmherzig von Jesus, dass er sich mit einer Henne vergleicht! Und uns mit ihren Küken – diesen kleinen
flauschigen Federbällchen. Unfassbar, dass Gott sich so
klein gemacht hat, um uns Menschen zu erreichen!

Hast du schon einmal beobachtet, wie eine Henne ihre Küken ausführt? Wie aufgereihte Perlen tapsen die Küken hinter ihr her. Sobald Gefahr droht, nimmt sie ihre Jungen unter ihre Flügel. Sie selbst wird zu ihrem »Schirm«.

Sogar Katzen und Hunde stellen nur eine geringe Gefahr für die Küken dar. Denn eine Henne schützt ihre Kleinen mit ihrem eigenen Leib und Leben. Spätestens wenn Katzen und Hunde Bekanntschaft mit dem Schnabel der Glucke machen, haben sie großen Respekt vor ihr. Die rollenden Glucklaute warnen Angreifer: *»Komm mir bloß nicht zu nahe!«* Wer jetzt versucht, sich dem Nest zu nähern, muss mit einer Pick-Attacke rechnen.

Martin Luther sagte einmal:

Siehe, wie die natürliche Gluckhenne tut! Es nimmt sich kaum ein Tier seiner Jungen so treulich an. Sie verwandelt ihre natürliche Stimme und nimmt an eine jammernde und klagende Stimme. Sie sucht und scharrt und lockt ihre Küchlein. Wo sie was findet, da isst sie es nicht, sondern lässt es den Küchlein. Mit ganzem Ernst schreit und ruft sie gegen den Geier und breitet ihre Flügel willig aus und lässt die Küchlein unter sich und über sich steigen. Sie mag ihretwegen alles wohl leiden und ist dir ein feines liebliches Bild. Also hat auch uns Christus angenommen. ER breitet seine Flügel mit all seiner Gerechtigkeit, Verdienste und Gnade über uns und nimmt uns so freundlich unter sich. Er ist unser Schutz in aller Not.

Hast du gewusst, dass Jesus kam, um uns Menschen vor dem Verderben zu retten? Lies es in der Bibel nach! Vertraust du ihm, oder bleibt er dir fremd? Bitte: Höre auf seine Stimme und folge ihm. Dann bist du in Sicherheit.

So, wie die Henne ihre Küken umhegt und behütet, möchte Jesus auch dich umfangen. Er will dich retten, er will dich schützen, er will dir Ruhe geben. Wie ist deine Reaktion darauf? ⁂

Elefantenrüssel

Hans-Peter Diesel, genannt Pitt, sitzt im Wartezimmer seines Zahnarztes. Au Backe – heute soll er eine Wurzelbehandlung bekommen. Das wird bestimmt ganz schön wehtun. Sein Zahn ist schon längere Zeit entzündet und plagt ihn seit Tagen. Aber wer geht schon sofort zum Zahnarzt? Er konnte nur noch Suppe und Joghurt essen. Aber jetzt ist ja ein Ende in Sicht. Von nebenan hört er das helle Surren des Bohrers.

Eigentlich wäre Pitt schon längst dran. Dummerweise ist aber vorhin noch ein Notfall dazwischengekommen. Ein Radfahrer hat sich beim Sturz zwei Schneidezähne ausgeschlagen. Der Zahnarzt versucht zu retten, was zu retten ist. Na, das kann ja noch lange dauern. Gelangweilt greift Pitt zum Zeitschriften-Stapel und blättert in einem Natur-Magazin. Oh, wie interessant: Es ist ein Heft über Elefanten. Er liest:

Der Elefant ist das größte noch lebende Landtier. Elefanten nehmen jeden Tag ungefähr 200 bis 300 Kilogramm Nahrung zu sich. Das ist die 100-fache Portion von dem, was ein Mensch am Tag in sich hineinstopft. Um diese Menge aufzunehmen, muss ein Elefant fast ununterbrochen futtern.

Um zwischendurch seinen Durst zu löschen, trinkt der Elefant jeden Tag so viel, wie in eine Badewanne passt. Der Elefant hält seinen Rüssel wie einen Strohhalm ins Wasser, rührt erst kräftig um und saugt dann kräftig durch seine Nasenlöcher ein. Danach spritzt er sich die trübe Brühe ins Maul. Mit einem kräftigen Zug kann der Elefant einen ganzen Eimer Wasser in seinem Rüssel aufnehmen.

»Komisch«, denkt Pitt. »Wieso rührt er erst mit seinem Rüssel das Wasser so lange auf, bis es ganz trübe wird? Das verstehe ich nicht. Eine Badewanne voller trüber Brühe. Na dann Prost«, denkt sich Pitt und schaut sich dabei im Wartezimmer um. Außer ihm sitzen hier aber keine weiteren Patienten. Schade. Pitt ist nämlich gern unter Leuten. Um sich abzulenken, liest er weiter:

Außerdem dient der Rüssel natürlich zum Riechen.

»Klar!«, denkt sich Pitt, denn ein Rüssel ist ja nichts weiter als eine verlängerte Nase. – Nichts weiter als eine Nase? Von wegen. Weit gefehlt! – Hier steht:

Der Rüssel ist ein sehr vielseitiges Organ. Der Elefant benutzt ihn auch zum Trompeten, Tasten, Tragen und Tauchen. – Tauchen? Ja, Tauchen. Beim Überqueren eines tiefen Gewässers kann der Elefant seinen Rüssel wie einen Schnorchel einsetzen. Außerdem nimmt er ihn zum Einpudern, Streicheln und Hallo-Sagen.

Der Elefanten-Rüssel enthält keine Knochen. Er besteht nur aus Muskeln und Haut. Deshalb ist er auch so biegsam und feinfühlig. Tausende fein verflochtene Muskeln machen den Rüssel sehr beweglich und trotzdem sehr, sehr stark. Mithilfe des Rüssels kann der Elefant zum Beispiel Baumstämme davontragen oder auch Blätter aus bis zu 7 Metern Höhe abpflücken.

»Das ist fast so hoch wie die Decke in meiner Flugzeughalle!«, staunt Pitt. Gott hat den Elefanten wunderbar gemacht.

Da öffnet sich plötzlich die Tür vom Behandlungszimmer und Carolin kommt herein. Caro ist elf Jahre alt – ein hübsches, blondes Mädchen aus Winkelstädt. Verlegen hält sie sich eine Hand vor den Mund und wird ganz rot. Carolin tut so, als würde sie Pitt gar nicht kennen. Dabei sind sich die beiden schon oft begegnet.

Sie grüßt nicht, schnappt sich wortlos ein Modeheft und vergräbt ihr Gesicht darin. *»Sie muss wohl noch auf ihre Mutter warten, die sie nachher abholen will«*, denkt sich Pitt. Verschämt sitzt sie gegenüber vom großen Wandspiegel neben der Garderobe. Nur einmal blickt sie dort kurz hinein. Schnell schaut sie wieder weg. *»Wie blöd das aussieht!«*

Pitt schaut zu Carolin hinüber und fragt: *»Na, musstest du schlimme Schmerzen aushalten?«* Aber das Mädchen reißt sofort die Zeitschrift hoch und erwidert nur knapp: *»Nöö.«* Dabei kullern ihr ein paar Tränen über die Wangen und tropfen auf ihren Schoß. *»Was hast du denn, Carolin?«*, fragt Pitt besorgt.

Er steht auf, beugt sich zu ihr hin und schaut sie bekümmert an. *»Ich hab heute eine feste Zahnspange bekommen und sie ist viel scheußlicher, als ich dachte!«*, stößt sie schluchzend hervor und wischt sich dabei hastig die Tränen weg.

Sie fühlt sich so hässlich. *»Mensch, Carolin. Danke, dass du mir das gesagt hast«*, erwidert Pitt. *»Zeig doch mal her. Ich finde, das sieht überhaupt nicht blöd aus. Komm, wir gehen mal gemeinsam vor den Spiegel und schauen hinein. Dann lachst du mich mal mit deiner neuen Spange an.«*

Carolin bleibt zuerst noch etwas verunsichert sitzen, aber da hat Pitt ihr schon die Zeitschrift aus der Hand genommen und sie Richtung Spiegel geschoben. Nun übt sie mit Pitt ein erstes blitzendes Lächeln – und nach ein paar Schwierigkeiten gelingt es ihr sogar.

Dummerweise kommt gerade in diesem Moment Henning ins Wartezimmer. Henning ist in Carolins Klasse. Er ist ein ziemlich fieser Typ. Superklug, aber auch superboshaft. Seine beleidigenden Sprüche sind in der ganzen Schule gefürchtet.

»Hi Caro! Na, auch beim Gebiss-Klempner? Ach du liebe Zeit! Was hast du denn da im Mund? Ihh! Hat man dir jetzt auch so ein Pubertäts-Geländer verpasst? Echt krasse Knutschbremse. Ist die denn wenigstens rostfrei? Hi hi hi!«

»*So ein gemeiner Kerl*«, denkt sich Pitt. Caro schweigt nur. »*Kannst du mit diesem Drahtkäfig im Mund denn nicht mehr sprechen, oder was ist los? Deine Zunge sieht ja aus wie eine Ratte im Käfig. Ha ha ha.*«

»*Henning, Vorsicht!*«, sagt Pitt. »*Hör sofort auf, Caro zu beleidigen!*« – »*Hey, Alter. Hab ich denn mir dir geredet, oder was? Ich wollte nur was von Caro wissen.*«

Aber Pitt lässt sich von Hennings Sprüchen nicht beeindrucken. Er sagt ihm deutlich, was er denkt: »*Henning! Wie kannst du Carolin nur so beleidigen und verletzen? Hast du denn kein Empfinden?*« Doch Henning rümpft nur die Nase und zieht die Schultern hoch.

Da kommt Pitt eine Idee ... »*Henning, schau mal hier in dieses Elefantenmagazin. Siehst du dieses Foto? – Wenn ein Elefant an eine Wasserstelle kommt, rührt er mit seinem Rüssel das Wasser so lange auf, bis es ganz trüb wird. Erst dann trinkt er. Kannst du mir sagen, WARUM?*«

»*Hey, Alter. Was soll denn jetzt der Quatsch? Wie kommst du denn jetzt auf Elefanten? Aber meinetwegen. Ich bin ziemlich gut in Bio und Erdkunde – zeig mal her. – Hmm. Keine Ahnung. Damit die anderen Tiere vielleicht vom Wasserloch abhauen, oder was?*«

»*Nein, Henning. Mit dem Elefanten ist es wie mit dir! Ein Elefant macht vorm Trinken das Wasser trübe, weil er anders seinen hässlichen Anblick nicht ertragen kann!*

Verstehst du? Ein Elefant muss das Wasser aufrühren, damit er sein eigenes scheußliches Gesicht nicht mehr sieht.«

»Wie bitte?« Henning bleibt der Mund offen stehen. Er hat verstanden. Sofort kramt er in seiner Jackentasche und sagt nur: *»Diesen Sülz kann ich mir nicht länger mit anhören. Du nervst gewaltig, Alter!«*

Dabei stopft er sich zwei Stöpsel in die Ohren und knipst seinen Musik-Player an. Entnervt hockt er sich in die andere Ecke des Wartezimmers.

Carolin zuckt mit den Schultern: *»So ist der immer – so gemein.«* Doch dann sagt Pitt: *»Weißt du, Carolin: Du hattest den Mut, mit mir in den Spiegel zu schauen, auch wenn du deine Zahnspange hässlich findest. Ich finde, du siehst süß damit aus. Aber Henning ist zu feige, in den ›Spiegel‹ zu schauen. Er kann es nicht ertragen, wenn man ihm vor Augen hält, wie er wirklich ist.*

Dann macht er es wie die Elefanten: Die können ihre Ohren umklappen. Sie sind verstellbar: Elefanten hören nämlich nur das, was ihnen passt! Und die haben eine sehr, sehr feste Haut. An deren dicker Schwarte prallt fast alles ab. Sie ist zäh wie Leder und überall ungefähr zwei Zentimeter dick.«

———— ◆ ————

Im Jakobus-Brief, in Kapitel 1,22-24 heißt es, dass die Bibel für uns wie ein Spiegel ist.

»Seid aber Täter des Wortes und nicht allein Hörer, die sich selbst betrügen! Denn wenn jemand ein Hörer des Wortes ist und nicht ein Täter, der gleicht einem Mann, der sein natürliches Angesicht in einem Spiegel betrachtet. Denn er hat sich selbst betrachtet und ist weggegangen, und er hat sogleich vergessen, wie er beschaffen war.«

Wenn wir die Bibel lesen, erkennen wir, wie wir wirklich sind – wie Gott uns sieht. Beim Betrachten der Bibeltexte möchte Gott uns unsere Maske wegnehmen und uns zeigen, was uns fehlt. Dann erkennen wir unser wirkliches Gesicht – unsere Mängel und Macken. Unsere Sünden. Das gefällt uns aber ganz und gar nicht.

Deshalb reagieren viele genauso wie der Elefant – oder wie Henning. Wenn sie die Wahrheit hören, fühlen sie sich ertappt oder genervt. Dann machen sie einfach das Klare trübe. Sie rühren so lange Dreck auf, bis nichts mehr erkennbar ist …

Dann dringt gar nichts mehr zu ihnen durch. Sie haben dafür ein viel zu dickes Fell. Es ist wie eine Hornhaut auf ihrer Seele. Deshalb verstopfe nie mit Absicht deine Ohren, wenn dir etwas nicht passt. ❖